Freddie Mercury

Su vida contada por él mismo

Freddie Mercury

Su vida contada por él mismo

Recopilado y editado por
Greg Brooks y Simon Lupton

Prefacio de la madre de Freddie
Jer Bulsara

Traducción de Jordi Planas

Un sello de Ediciones Robinbook
información bibliográfica
Indústria, 11 (Pol. Ind. Buvisa)
08329 – Teià (Barcelona)
e-mail: info@robinbook.com
www.robinbook.com

Título original: *Freddie Mercury: A Life in his Own Words*

© 2006, Mercury Songs Ltd.
First published in Great Britain by Mercury Songs Ltd.
Under exclusive license of EMI Records Ltd.

© 2007, Ediciones Robinbook, s. l., Barcelona

Diseño de cubierta: Outside Line, adaptada por La Cifra

Ilustración de cubierta: Freddie Mercury, cortesía de Mercury Phoenix
Trust, basada en una fotografía de Neal Preston

Diseño interior: La Cifra (www.cifra.cc)

ISBN: 978-84-15256-32-8

Depósito legal: B-15.656-2012

Para Freddie Mercury
amante de la vida, cantante de canciones.

Índice

Introducción

Si Freddie hubiera estado vivo para participar en este libro, habría tenido que soportar días de tediosas entrevistas con un «negro» literario, algún desconocido que se esforzaría en sonsacar nuevas revelaciones y que, luego, se iría a escribir un libro en el nombre de Freddie Mercury. Lo más seguro es que Freddie no hubiese tenido ni la voluntad ni la paciencia para semejante tarea y me consta que pronto habría perdido el interés en ella.

En primer lugar, el material que aparece aquí ha sido recopilado no sólo a partir de unos cuantos días de charla con Fredddie, sino de entrevistas que tuvieron lugar a lo largo de veinte años, así como de un gran número de fuentes diversas. Las ideas y opiniones que nos ofrece este libro no abordan sólo un período específico de su vida, sino la totalidad de su carrera profesional. Naturalmente, sus opiniones y puntos de vista cambiaron de manera significativa al pasar el tiempo e ir madurando, y estos cambios se ven aquí reflejados. Los comentarios de Freddie sobre temas como las relaciones personales, los otros miembros de Queen, la composición de canciones, su vida privada y los planes para el futuro, cambiaron de manera sustancial a lo largo de dos décadas, y por eso ciertos pasajes del texto pueden parecer contradictorios. Esto, sin duda, nos ocurriría a todos nosotros si de repente nos mostraran veinte años de nuestra vida impresos en papel.

En segundo lugar, no ha habido ningún «negro» literario involucrado en este libro. Todo lo que el lector encontrará son las propias palabras de Freddie (aunque a veces ha sido necesario arreglarlas un poco). No hemos puesto palabras en su boca que no sean suyas, ni hemos sacado sus comentarios fuera del contexto. Además, también hay varios ejemplos de los cambios de Freddie desde los últimos tiempos respecto al pasado, y viceversa, pero ésa era la auténtica manera en que a menudo él expresaba las cosas, y por lo tanto ese aspecto también permanece como algo auténtico. Por supuesto, paralelamente, también hemos amalgamado comentarios sobre los mismos temas a partir de diversas fuentes y contextos temporales; a veces, dichos comentarios fueron explicados por el propio Freddie antes de cada suceso determinado y, otras veces, después, o incluso mientras se producía el mismo (por ejemplo, algunos comentarios que se produjeron durante la grabación de *A Night At The Opera*). Por lo tanto, naturalmente, la conexión o la concordancia de ciertas frases o párrafos puede carecer de cierta fluidez, al tiempo que, en algunos casos, puede darse algún tipo de redundancia propia de la oralidad. En todo caso, nos hemos esforzado al máximo por ser fieles a las palabras exactas de Freddie siempre que ha sido posible, y hemos intentado preservar la integridad de cada matiz y cada frase (¡aunque a menudo empezaba una frase sin tan siquiera terminarla!). Parte de lo que decía Freddie estaba impregnado de ambigüedad, pero no entraba en nuestros planes el descifrarlo. Dejamos que sea el lector quien interprete las palabras de Freddie y saque sus propias conclusiones. Creemos que eso es lo que él siempre pretendía.

Fuese lo que fuese que Freddie quisiera decir, y por las razones que fuera, la mayoría de sus palabras, como las letras de sus canciones, gracias a Dios, están documentadas y han quedado archivadas. Una proporción considerable de ese material ha sido transcrita por primera vez para este proyecto, y, de esta amalgama, Freddie surge como alguien fuera de serie, tan intenso como siempre y con el mismo poder para captar nuestra atención. Hay momentos de humor y otros de irritación, de ternura y de asombrosa franqueza, de seriedad y de frivolidad, y, en retrospectiva, también hay comentarios incómodamente conmovedores. Freddie aborda cada tema con su inimitable ligereza, como nadie más podía hacerlo, pero siempre con buen humor y franqueza. Sin duda se trata de Freddie Mercury en sus propias palabras, mostrándose de mil maneras, EXCEPTO aburrido. ¡Nunca aburrido!

Ha sido todo un honor buscar y recopilar el material para este libro. Esperamos que lo disfrutes.

Ahora, sin más dilación, y antes de que Freddie pierda el interés, tal y como a menudo suplicaba al entrevistador... «¡Empieza de una vez!»

Simon Lupton y Greg Brooks, julio de 2006

Prefacio

«Este libro trata de mi hijo, Farrokh Bulsara. Por supuesto, llegó a ser mucho más conocido como Freddie Mercury en todo el mundo. Pero, a pesar de todo, nunca dejó de ser un hijo y un miembro de la familia amante y cariñoso.

»Le echo muchísimo de menos, pero gracias a su música nunca está demasiado lejos de mí. El talento y la inteligencia de este hombre único —mi hijo tan querido— harán que su recuerdo perdure durante muchas generaciones. Así que espero que disfrutéis leyendo sus propias palabras, ya que arrojan luz sobre el hombre maravilloso que fue.»

Jer Bulsara

Jer Bulsara

1. Yo tuve este sueño perfecto

No voy a ser una estrella, ¡voy a ser una leyenda! ¡Quiero ser el Rudolph Nureyev del rock'n'roll!

Al principio estaba bastante preparado para pasar hambre, lo cual llegó a suceder, así que puse todo mi empeño en intentarlo. Has de creer en ti mismo, sin importar cuánto tiempo necesites.

Cuando formamos Queen, al principio, todos queríamos llegar a lo más alto, y no nos íbamos a contentar con menos. Has de tener mucha confianza para progresar en este negocio. No tiene sentido decir que no la necesitas. Si uno empieza diciendo, «quizá no sea lo bastante bueno, quizá mejor que aspire al segundo puesto», entonces olvídalo. Nosotros rebosábamos confianza. Has de tenerla. Has de tener una especie de arrogancia, una buena dosis de confianza y una absoluta determinación, así como otras aptitudes obvias, como la aptitud para la música. La arrogancia es algo muy bueno que conviene tener cuando empiezas, y eso significa decirte a ti mismo que tu grupo va a ser el número uno, no el número dos. Eso lo teníamos bien claro. Además, todos teníamos un gran ego.

Éramos muy testarudos en eso. Queríamos que la gente supiera que éramos una banda a tener en cuenta. Y también teníamos todas estas ideas para mostrar nuestra originalidad.

Has de empezar con algo escandaloso; de hecho, ésa es la mejor manera de que el público se entere de que estás metido en la escena musical. Has de intentar que el público sepa de tu existencia, y el escándalo y el impacto siempre han existido. Salíamos en las portadas sin ropa, muy maquillados, con las uñas pintadas de negro y todas esas cosas. En esa época, aquello resultaba tan impactante como cualquier otra cosa.

Considero que la imagen es siempre una parte integral de la promoción. Ya sea algo artificial, o lo que sea, al final acabas desarrollando tu propio instinto sobre ese asunto. O bien se trata de un truco que no ha funcionado, o bien es algo de lo que puedes sacar provecho. Todo es una estrategia. Pero siempre ha de haber una cierta cantidad de arrogancia y ego.

Cuando juntamos el grupo por primera vez, creo que mucha gente estaba realmente sorprendida porque pensaba que los grupos de pop normalmente los formaban ex camioneros muy cortos de miras, que estaban hartos de estar en el paro y que en vez de eso habían decidido triunfar en el mundo del pop. Nosotros éramos una de esas bandas que iban a quedarse con un trozo de la tarta. Íbamos a conseguirlo. Sabíamos que podíamos hacerlo.

No estábamos simplemente *jugando* en la escena musical. Dijimos: «De acuerdo, vamos a arriesgarnos con el rock y vamos a ganarnos realmente la vida con esto, nada de medias tintas». Todos íbamos aún a la universidad y todos teníamos buenas carreras en potencia, y no estábamos preparados para contentarnos con el segundo puesto si íbamos a abandonar todas las calificaciones que habíamos logrado en otros campos. Queríamos lo mejor. No era una cuestión de querer dominar el mundo, aunque sé que probablemente dábamos la impresión de ser unos capitalistas.

Esperábamos llegar a lo más alto y no íbamos a contentarnos con menos. Ninguno de nosotros quería estar atado a un trabajo de nueve a cinco. Sin duda, yo sabía que lo teníamos todo, en términos musicales. Éramos lo suficientemente originales y empezamos a demostrarlo. No éramos el tipo de banda que podría decir: «De acuerdo, vamos a hacer esto, pero si no sale bien seguiremos los pasos de lo que otros estén haciendo». No. Ésa no es la manera correcta de hacerlo. No íbamos a meternos en el negocio musical si no éramos lo suficientemente serios como para poner toda la carne en el asador. Decidimos que primero acabaríamos nuestros cursos, lo que implicaba esperar un año y medio, y si para entonces aún seguíamos juntos, significaba que íbamos en serio.

Por esa época decíamos. «Hagamos que sea interesante. Intentemos incorporar los diversos conocimientos que hemos adquirido». No éramos unos esnobs, simplemente íbamos con mucho cuidado. Queríamos mostrarnos con elegancia. Incluso aunque aún no éramos *nadie*, pensamos que debíamos mostrarnos así. Supongo que, en realidad, sí *era* algo esnob. No queríamos que Queen fuera el grupo de *todo el mundo*, sino que fuera sólo para unos cuantos elegidos al principio.

Desde el principio supe que íbamos a ser muy grandes (y lo fuimos). Nunca tuve ninguna duda al respecto. Nunca. Sencillamente sabía que lo lograríamos, y así se lo decía a cualquiera que me lo preguntase. Has de tener ese tipo de confianza en este negocio. Si te gusta lo mejor de lo mejor, y todas esas cosas bonitas, has de tener esa confianza para ir a por ello.

Soy el único del grupo que proviene de un ámbito artístico. Los demás vienen del ámbito científico: Roger, de la biología, John, de la electrónica, y Brian, de la física. Nunca en mis sueños más descabellados hubiera imaginado que alguien como Brian, un astrónomo especialista en infrarrojos, cogería una guitarra y se convertiría en un rockero, ¡y mira lo que ha ocurrido!

Fui a la facultad de Bellas Artes con la impresión de que conseguiría mi diploma, lo cual ocurrió, y que luego me convertiría en un ilustrador, esperando ganarme la vida como artista *freelance*. La música era siempre algo secundario, pero, de alguna manera, fue cogiendo más terreno. Cuando acabé mis estudios como ilustrador estaba hasta las narices de eso. Estaba hasta *aquí*. Pensé: «No creo que pueda ganarme la vida con esto porque mi mente no conecta con eso». Así que pensé en pasarlo bien con la música durante un tiempo. Todo el mundo quiere ser una estrella, así que pensé que si podía seguir adelante, ¿por qué no?

Y luego, después de un tiempo viene el momento en el que tomas una decisión, en el que has de arriesgarte; o bien te dices, «voy a hacer esto, y voy a concentrarme en esto», o no. Y al final lo hicimos.

Tuvimos que esperar bastante tiempo (no sólo tenía que decidirme yo). Gente como Brian, John y Roger tenían que considerar sus carreras. Así que tenían que tomarse ciertas decisiones muy vitales e importantes. Éste es un empleo *a jornada completa*, no un hobby. En cierto modo fue una muy buena inspiración; sencillamente pensamos que habíamos dejado atrás nuestros títulos académicos y que ahora nos íbamos a dedicar a esto. Así que... ¡Aquí estamos! No me puedo quejar en absoluto.

Mis padres se escandalizaron cuando les dije lo que tenía pensado hacer, pero ahora que ven que estamos ganando dinero parecen estar bastante felices con eso.

2. Jugando mi papel en la historia

Nunca me he considerado el líder de Queen; quizá el miembro más importante...

El concepto de Queen era ser regios y majestuosos. El glamour formaba parte de nosotros, y queríamos ser dandis. Queríamos provocar y ser escandalosos. No queríamos que la gente tuviera que pensar si les gustábamos o no, sino que se formaran una opinión en el momento en que nos vieran. No estamos simplemente intentando ser diferentes, porque si eres un profesional, querido, ¡no has de *intentar* ser nada!

La idea de Queen se me ocurió mientras estaba estudiando en la universidad. A Brian, que también iba a la universidad, le gustó la idea y unimos nuestras fuerzas. Los primeros indicios de la banda se remontan a un grupo llamado Smile,[1] que publicaron un single en Estados Unidos. Seguía bastante a Smile, y nos hicimos amigos. Solía ir a sus conciertos y ellos solían venir a los míos. Pero el grupo tenía muy mala suerte.

A Brian y Roger les decía: «¿Por qué perdéis el tiempo con esto? Deberíais hacer material más original. Deberíais ser más expresivos a la hora de tocar vuestra música. ¡Si yo fuera vuestro cantante, eso es lo que estaría haciendo!». Finalmente, Smile

---

1. Smile: grupo universitario que consistía en Brian May (guitarra principal y voz), Roger Taylor (batería y voz) y Tim Staffell (bajo y voz). Smile se formaron en 1968 y se separaron en 1970. (*N. del Ed.*)

se disolvió, y entonces decidimos formar juntos una banda. Así de sencillo. Pensamos que nuestras ideas musicales combinarían. Luego conocimos a John Deacon (en julio de 1971) y decidimos ponerle a la banda el nombre de Queen.

Se me ocurrió el nombre de Queen desde el principio. Era un nombre muy majestuoso y sonaba de manera espléndida. Es potente, muy universal, e inmediato. Tenía un gran potencial visual y estaba abierto a todo tipo de interpretaciones. Conectaba con muchas cosas, como con el teatro, y era magnífico. Era muy pomposo, con todo tipo de connotaciones. Significaba muchas cosas. No hacía referencia a una única cosa.

Por supuesto que era consciente de las connotaciones gay, pero era tan sólo una de sus facetas. De todas maneras, siempre preferimos pensar en el sentido más majestuoso del nombre Queen en vez de en las referencias homosexuales. Nos preocupaba que la gente malinterpretara el nombre, pero sabíamos que la música anularía esa imagen porque íbamos a concentrarnos en mostrar siempre un buen producto. Confiábamos en que la gente conectara con nosotros porque, aunque la imagen amanerada ya la habían consolidado Bowie y Bolan, nosotros la llevábamos a otro nivel. Creíamos que probablemente les gustaríamos a los quinceañeros y que nos pondrían una etiqueta «pop», pero eso no duraría mucho tiempo. En ese momento simplemente nos interesaba generar una reacción entre aquellas personas que venían a vernos.

Pasó bastante tiempo desde que formamos Queen hasta que tuvimos un contrato discográfico. Ésa es la razón por la que nos preocupaba que la gente dijera: «Aquí están los Queen, el glam rock está *de moda*, y ellos siguen la tendencia». Nunca copiamos a nadie. Estábamos metidos en el glam rock antes que gente como Sweet y Bowie, y nos preocupaba que hubiésemos llegado demasiado tarde. Nuestro camino fue presentar un tipo de música teatral diferente.

Creo que a todo el mundo se le pone una etiqueta cuando empieza. Los periodistas intentan meterte en un saco y etiquetarte. De cualquier banda que empieza ahora, dicen que suena un poco como Culture Club o lo que sea. Nosotros sonábamos como Led Zeppelin, porque teníamos armonías vocales y esas cosas, por lo que nos colocaron en ese tipo de categoría. Nos etiquetaron de muchas maneras diversas. Las etiquetas son tanto malas como buenas, y si te las tomases en serio sería bastante ridículo. No me importa lo que digan, realmente. Creo que la gente ha dicho cosas de nosotros y luego ha cambiado de opinión después de escuchar un álbum. Al final teníamos nuestro propio sello: teníamos el sello de Queen. Y teníamos nuestro propio sonido. De muchas bandas que surgieron después de nosotros dijeron que sonaban como nosotros, y tampoco les gustó, pero al principio has de pasar, necesariamente, por eso. Siempre ha sido así.

Desde el principio tuvimos mucha fe, pero pensaba que el grupo se acabaría después de cinco años y que me dedicaría a otra cosa. Pero todo creció y creció, y, recuerda, todos habíamos estado antes en otras bandas, por lo que teníamos mucha experiencia sobre lo que no había que hacer, y sobre cómo no quedarnos boquiabiertos ante la primera oferta prometedora de las compañías discográficas.

Desde el momento en que grabamos una maqueta (en 1971) fuimos conscientes de los tiburones. Teníamos unas ofertas increíbles de gente que decía, «os convertiremos en los próximos T-Rex», pero nosotros éramos muy, muy prudentes para no caer en la tentación. Probablemente acudimos a todas las compañías discográficas antes de quedarnos con una. No queríamos que se nos tratara como una banda del montón. Lo enfocamos de esa manera porque no estábamos preparados para ser músicos no profesionales. Dijimos: «O bien nos ficháis en serio o mejor lo dejamos correr».

Así de planificado lo teníamos todo. No fue un éxito de la noche a la mañana, ¿sabes?, ya llevábamos en esto tres años. Sencillamente conseguimos a la gente adecuada para que trabajara para nosotros, y la compañía adecuada, y eso llevó su tiempo. Y sin embargo se nos acusó de ser un «producto prefabricado», y se nos comparó con bandas de las que ni siquiera habíamos oído hablar, y luego finalmente llegaron a decir que ni siquiera componíamos nuestras propias canciones.

Para la mayoría de la gente puede parecer una historia de éxito de la noche a la mañana, pero en realidad llevábamos ya cierto tiempo recorriendo el circuito de clubes y todo eso antes de tener un contrato discográfico. Ya desde el principio tuvimos presión de la industria de una manera u otra. Era como una auténtica carrera de obstáculos. Siempre afirmaré que para una banda que tenga un gran éxito las cosas nunca son fáciles, de lo contrario habría algo que no va bien. ¡Si resultara demasiado fácil, entonces llegarías hasta arriba y eso sería todo!

No puedes ir por ahí diciendo: «¡Qué músico más estupendo que soy!, ¡qué canción más increíble que compuse anoche!». Has de asegurarte de que te descubran. Parte del talento consiste en averiguar de que tu música llega a la gente. No puedes limitarte a ser un músico maravilloso y un compositor excepcional, ya existen a patadas. Aprende a presionarte a ti mismo, has de estar en el lugar y el momento adecuados y aprender a moverte en este negocio ya desde el principio. Así es cómo son ahora las reglas del juego en el rock'n'roll. Has de saber de manera instintiva todas las cosas que te ayudarán a lograr el éxito.

Cuanto más subas por la escalera, más despiadado has de ser si quieres evitar caerte. No es que yo quiera ser duro y despiadado, es algo que te ves obligado a ser. Una vez que logras el éxito, toda la gente mezquina se te acerca y es entonces cuando debes ser muy fuerte e intentar hacer una criba, y realmente ésa es la prueba de la supervivencia. Aparecen todas las sanguijuelas y te dejan seco si les das la más mínima oportunidad. Has de vigilar a todo el mundo que trabaja para ti y si da la sensación de que te están engañando has de sacártelos de encima rápidamente. No puedes permitirte que nadie se salga con la suya. Es como jugar a los autos de choque; son los autos de choque del rock'n'roll. Has de asegurarte de que esa gente no te golpee muy a menudo. Todo el mundo que logra el éxito siempre acaba quemado una o dos veces. Es como una regla general. Llámalo experiencia.

Creo que conseguimos esa experiencia desde el primer momento, cuando nos robaban y cosas por el estilo. No sólo es cuestión de tener un contrato discográfico y ya está, no todo va a ser un camino de rosas. Se trata tanto de una propuesta discográfica como de una propuesta musical. Has de vigilar todo lo que ocurre a tu alrededor. El talento no es simplemente ser un buen músico, en estos tiempos tiene que ver con estar al tanto de las cosas. Es vital hacer las cosas como es debido. El talento no es sólo hacer buenas canciones e interpretarlas, es tener un cerebro para los negocios, porque en buena parte se trata de eso: difundir tu música debidamente y sacar un provecho de ella. Utiliza todos los trucos disponibles y, si crees en ti mismo, saldrás adelante. Ésa es la única manera que conocemos, y en Queen nos ha funcionado. Y, por supuesto, has de rodearte de gente clave para que se ocupe de todas esas cosas, pero también has de implicarte personalmente.

Resulta muy duro encontrar ese tipo de gente. Es muy difícil depositar tu confianza en otras personas, especialmente teniendo en cuenta el tipo de personas que somos. Y es que somos muy nerviosos, muy meticulosos y exigentes. Lo que nos pasó con Trident[2] nos fastidió bastante, así que nos volvimos muy prudentes y selectivos con el tipo de gente que trabajó con nosotros después de eso y que llegó a formar parte del círculo de Queen.

John Deacon siempre estaba atento a nuestros asuntos financieros. Sabía todo lo que debería estar ocurriendo y lo que no. Si Dios nos hubiera abandonado, el resto del grupo no haríamos nada a menos que John dijera que era lo correcto.

Creo que las presiones del negocio musical son ahora cada vez más grandes. Suceden tantas cosas que has de tomar decisiones en el acto y todo ha de estar muy claro. Lo más difícil con lo que siempre te enfrentas es el factor tiempo, y en algunos casos has de hacer concesiones, y odiamos hacer eso. Cuando siento que he hecho eso me muero, porque siempre estás pensando que podías haberlo hecho mejor, y eso es terrible. Al final se trata de *tu* carrera y *tú* eres el que ha de vivir con eso.

Para una banda que está empezando, la orientación y la gente que lleve a cabo buenas gestiones son temas vitales, sin duda. Pero a la gente le gusta creer que los artistas carecen de cere-

---

2. Queen firmó un contrato con Trident en 1972, una empresa de management que llevaban dos hermanos, Norman y Barry Sheffield. La banda, finalmente, rompió con Trident tras una fuerte disputa en 1975. (*N. del Ed.*)

bro, y por supuesto que muchos de ellos acaban sin blanca. Nosotros fuimos más astutos que eso. Después de Trident contactamos con varios mánagers de primera clase para asegurarnos de que tomábamos la decisión correcta. Por entonces, John Reid resultó ser la opción adecuada. Abrió bien los ojos y dijo: «¿Por qué no?». De hecho, fue genial. Era la combinación que llevábamos años buscando. Su enfoque y su método de trabajo eran muy buenos. Llegó y negoció toda la estructura de grabación, contratos y gestión.

Finalmente, años después, nos convertimos en un grupo muy difícil de gestionar porque reclamábamos mucho. Realmente somos amigos, pero necesitaríamos a alguien como Hitler o Goebbels para que fuera nuestro mánager. Queen es un negocio, una organización, y decidimos gestionarnos nosotros mismos.

Como Queen, tocamos y grabamos juntos, y la gente tiene una imagen de nosotros como de una unidad compacta. Pero Queen es un grupo musical, no una familia. Sin duda, hay agrias disputas, lo mismo que en muchasde ellas. Discutimos mucho por el más pequeño detalle. Pero todos sabemos que, fundamentalmente, nuestros objetivos son muy similares: seguir adelante haciendo buena música y nos obligamos a ir más allá de lo que hayamos hecho antes como grupo.

A lo largo de nuestra historia siempre ha habido celos internos. Roger, Brian, John y yo componemos todos por separado y nos peleamos para poder meter tantas canciones propias en cada álbum como sea posible. Hay un forcejeo, una avidez, una lucha constante..., lo cual es muy saludable. Lo sacamos todo y al final es muy democrático. No me gusta acapararlo todo. Quiero decir que de ninguna manera tengo que ser yo el único que escriba canciones. Sólo que has de luchar por la fuerza de las canciones. ¿No sería terrible que me limitara a pelear por *mis* temas insistiendo en que son los mejores?

Es como una especie de política del grupo; discutimos y, luego, decimos: «Muy bien, no importa quién compuso la canción, creemos que esta canción es la mejor, o esa canción no es la mejor, porque a todos nos parece así». Es decir, que si luchara por una canción pero pensara que no iba a ser un éxito, eso iría en detrimento mío a largo plazo de todas maneras. Así que, por ejemplo, con «Radio Ga Ga» [1984], yo fui el primero en decir que la canción que había escrito Roger iba a ser un muy buen punto de partida para el single. Era comercial, muy potente y diferente, y muy actual.

Yo no soy el líder de la banda, por cierto. Todo el mundo dice que soy el líder de Queen, pero sólo soy el cantante principal. No soy ningún capitán ni nada de eso. Somos cuatro personas iguales. Todos queríamos ser estrellas del pop pero el grupo es lo primero. Sin los demás yo no sería nada.

Gente de hoy en día que está en un lugar similar al mío se denominan a sí mismos el punto focal del grupo, lo que está bien si te llamas Rod Stewart y tienes una banda de acompañamiento. Pero de ninguna manera estamos hablando de Freddie Mercury y su banda de acompañamiento. Si lo analizas, los cuatro hacemos que todo esto funcione. Es un 25 por ciento a cuatro bandas, y yo soy el que está ahí delante, eso es todo. Queen es un ente de cuatro personas, pero tengo que admitir que eso es muy duro. No resulta muy fácil tomar decisiones a cuatro bandas todo el tiempo, pero a veces has de aceptar lo que dice la mayoría. A menudo no estamos de acuerdo. A veces la cosa se reparte en un 50 por ciento, y entonces ¿qué haces? Solemos dejar reposar el tema durante un tiempo y más tarde volvemos a abordarlo.

Siempre discutimos. Ya discutíamos virtualmente desde el primer día. Los cuatro, de manera individual, tenemos un carácter fuerte, así que nos metemos unos con otros. Somos como cuatro gallos peleando... ¡y somos la banda más perra de la Tierra! A menudo nos lanzamos a la yugular de otro miembro del grupo. Pero si no disintiéramos seríamos un grupo muy sumiso, y al final así conseguimos *lo mejor*. Normalmente se me tilda de vanidoso, escandaloso y temperamental. Soy muy sensible, y sin duda me vuelvo muy temperamental, pero te sorprendería ver cómo son también los demás miembros del grupo. Todos tenemos nuestras características individuales, pero es probable que eso sea lo que nos mantenga unidos.

Creo que con el tiempo ya nos hemos acostumbrado a cómo somos cada uno, es el instinto lo que nos hace seguir adelante. Básicamente, somos cuatro personas que trabajan juntas. No tenemos un gran lazo de unión y no salimos juntos tan a menudo. Llevamos juntos ya tanto tiempo que de todas maneras nos vemos prácticamente cada día, de manera profesional. Pero creo que intentamos separar nuestra vida privada cada uno por su cuenta, porque de lo contrario estaríamos demasiado tiempo juntos y acabaríamos aburridos. Si hay que acudir a un acto en concreto, lo hacemos, en ese aspecto somos muy profesionales. Pero si no, es mejor que cada cual se dedique a lo suyo. Los demás tienen sus familias y, naturalmente, eso les ocupa mucho tiempo, y a mí también me gusta mi vida privada sin ellos, ya sabes lo que quiero decir.

No puedo llevar siempre una vida siendo la cuarta parte de algo. Porque debido a nuestro trabajo hemos estado juntos todo el tiempo, y para cualquier persona convivir constantemente con la misma gente puede acabar siendo una locura. Así que cuando se acaba el trabajo hago mi vida, y ellos la suya. A veces me paso meses y meses sin hablar con ellos, y luego salimos de gira y seguimos teniendo esa química. Es la música lo que nos hace permanecer juntos, y ya hemos aprendido a aceptarnos unos a otros de manera instintiva. Sabemos que si estamos juntos todo el tiempo acabamos de los nervios. Hubo una época en la que había muchas fricciones, pero luego, de alguna manera, supimos limar nuestras diferencias. Sí, discutimos mucho y nos peleamos mucho, pero al final lo que realmente importa es que acabamos logrando el producto, un material muy bueno. Utilizamos nuestra inteligencia. Es muy fácil volverse egocéntrico y decir: «¡Sí, soy el mejor!». Los egos pueden desmadrarse y puede suceder todo tipo de cosas, pero has de tener los pies en el suelo. Supongo que a eso se le llama ser profesional.

Lo que nos anima a seguir adelante es que musicalmente aún seguimos respetándonos. Tenemos cuatro personalidades muy diferentes, pero eso no importa. Si musicalmente no conectamos, es ahí cuando el carácter empieza a dispararse, pero al final no puedes soportar a la otra persona que está en la misma habitación, y entonces tienes que decir: «¡Dejémoslo correr!». Es un tormento. En vez de eso, cuando terminamos un disco acabamos pensando: «Oh, bueno, tenía mi punto de vista y él el suyo, pero al final nos pusimos de acuerdo por el bien de la música».

Si tienes a cuatro personas muy diferentes en una banda como la nuestra, todas buscan su propio objetivo, y eso es muy complicado. La separación de una banda normalmente llega cuando un ego parece dispararse demasiado lejos y luego ya es muy difícil volverse atrás. Cuando hay una persona muy fuerte, los demás se quedan al margen pensando: «Este gilipollas es demasiado agresivo, así que será mejor probar con otro grupo». Nos las hemos arreglado para tener nuestros egos controlados entre nosotros.

Eso no significa que seamos tan aburridos como para estar de acuerdo en todo, pero nunca llegamos tan lejos hasta el punto de decir: «¡Muy bien, dejémoslo correr!». Hubo momentos en los que pensé en dejar el grupo, pero musicalmente parecía que queríamos hacer muchas cosas más. Creo que la razón por la que hemos estado juntos durante tanto tiempo es que nadie quiere irse. Si te vas, es como ser un cobarde. Se trata de un instinto de supervivencia que tengo dentro de mí, y que también posee todo el grupo.

Una vez, el grupo Sparks se puso en contacto con Brian [en 1975], y le dijeron que les gustaría que se les uniera como guitarrista. Pero nos tomamos esas cosas como algo cotidiano y banal. Nos sentimos tan implicados en lo que hacemos que no lo tenemos en cuenta en absoluto. Todos hemos tenido ofertas para unirnos a otros grupos, pero mientras que, digamos, Roger y yo les enviaríamos a la mierda, Brian se toma su tiempo en ser agradable con la gente, por lo que a veces le malinterpretan. Brian se comporta demasiado como un caballero, algo que yo no soy, yo soy una vieja fulana... sin embargo ni por un momento pensó en dejarnos.

La única razón por la que Brian dejaría a Queen es para hacerse astrónomo, no para meterse en una banda como Sparks. ¡Dios mío! Especialmente, justo cuando empezaba a ser divertido. Estábamos en la cresta de la ola, y el mundo estaba a nuestros pies. Por fin empezábamos a saborear la recompensa, ya que éramos respetados como músicos y nuestras canciones llegaban al público idóneo.

Supongo que la manera en que enfocamos nuestra carrera suena fría y calculadora, pero nuestros egos no podían aceptar nada que no fuera lo mejor. Siempre he pensado en nosotros como un grupo de los grandes. Suena muy planificado, lo sé, pero así son las cosas. Cuando tuvimos la oportunidad de tocar con Mott The Hoople fue genial, pero, desde el momento en que acabamos esa gira, tuve bien claro que, en lo que a Gran Bretaña se refería, pronto seríamos nosotros los cabezas de cartel.

No nos asusta probar ideas diferentes. Una de las cosas que realmente evitamos es repetir la misma fórmula. Básicamente somos una banda de rock, y eso es lo que dejamos claro con el primer álbum. El segundo fue un poco diferente, y aquellas personas que escucharon el tercero ni siquiera pensaron que se trataba de nosotros. ¿Sabes? Siempre hemos ido cambiando de estilo. Seguimos con el pretexto de que uno debería seguir con la fórmula que funciona, por lo que la nueva etapa sigue siendo el mismo estilo, pero nosotros vamos añadiendo cosas tal y como se nos ocurren. Sólo es una manera de hacer las cosas. Es algo que ocurre con todo, incluso con el diseño de las cubiertas de los discos. Quiero decir que, ¡¡¡Dios, menuda agonía tuvimos que pasar para que nos hicieran las fotos para *Sheer Heart Attack*!!! Queridos míos, ¿podéis imaginaros intentar convencer a los otros para que se cubrieran de vaselina y luego que los regaran con una manguera? El resultado final son cuatro miembros de la banda con un aspecto decididamente muy poco majestuoso, bronceados y saludables, y tan empapados como si hubieran estado sudando durante una semana. Pero la idea es que todo el mundo estaba esperando una especie de portada tipo *Queen III*, pero esto era algo completamente nuevo. No es que de repente cambiáramos, sólo era una fase por la que estábamos pasando en esa época.

Existen muchas direcciones en las que puede dirigirse nuestra música. También creo que hemos hecho las cosas que queríamos hacer. No hemos intentado complacer el gusto del público ni nada de eso. Hemos intentado ser conscientes de lo que está ocurriendo e ir un paso por delante. Creo que al final la música habla por sí misma, y pienso que componemos buenas canciones y las tocamos bien. De hecho, asumimos muchos riesgos y creo que la mayoría han dado buenos resultados. Pero aún seguimos siendo tan cursis como siempre. Aún seguimos siendo los dandis que éramos al principio. Pero estamos enseñándole a la gente que no somos simplemente un montón de maricas, y que somos capaces de hacer otras cosas.

Creo que cada vez que haces un álbum es un nuevo estallido de energía, y hacemos álbumes que son muy diferentes. Cuando los llevamos a cabo, cada vez es como un nuevo proyecto. Es muy fresco, y es un buen estímulo. Si cada vez saliéramos con lo mismo de siempre, pensando que automáticamente sería aceptado o lo que fuera, eso sería no correr ningún riesgo. Y nosotros siempre corremos riesgos.

Mira los riesgos que corrimos con el disco *Hot Space* [1982]. Estuvo muy bien. Estábamos explorando nuevas áreas y mercados, por lo que canalizábamos nuestras energías de diversas maneras. Pero aún seguíamos siendo los mismos cuatro tipos de siempre, aunque en muchos aspectos es algo fresco. Fue bastante excitante. ¿El álbum iba entrar en las listas de éxitos negras? ¿Iba a conectar con el público de la música disco? No lo sabíamos.

Recuerdo cuando apareció «Another One Bites The Dust» [en 1980] y llegó al número uno, que mucha gente fue a comprarlo y se pensaba que éramos un grupo de negros. Entonces venían a ver nuestros conciertos y se daban cuenta de que todos éramos blancos.

Creo que *Hot Space* es uno de los mayores riesgos que hemos corrido, pero la gente puede relacionarlo con algo que se sale de la norma. Odiaría que cada vez que sacáramos un álbum se ajustara a la norma. No quiero decir que siempre acertemos, porque no es así. Toda esta moda de la música dance/funk fue básicamente idea mía y, obviamente, no funcionó tan bien. Creo que era algo adelantado a su tiempo, pero hicimos lo que nos apetecía hacer en ese momento, y entonces consideramos que era lo correcto.

Hemos pasado por muchos traumas, y somos muy meticulosos. Hay literalmente docenas de canciones que hemos rechazado en cada disco, algunas de ellas buenas. Si a la gente no le gustan las canciones que hacemos en un momento dado, nos importa un bledo. Somos tan cuidadosos con lo que hacemos porque nos pensamos mucho lo que ofrecemos. Y si realizamos un álbum increíble nos aseguramos de que ese álbum tenga una buena presentación. Seguramente somos la banda más quisquillosa del mundo, sinceramente.

Cada vez que nos metemos en el estudio resulta mucho más difícil, porque intentamos progresar y componer canciones que suenen diferentes con respecto al pasado. El primer disco es fácil, porque tienes muchas ideas en la cabeza que estás ansioso por mostrar. Cuando vas haciendo más discos, piensas: «Dirán que estoy repitiendo una fórmula». Soy muy consciente de eso.

Hay muchas cosas que queremos hacer, pero no podemos hacerlas todas al mismo tiempo. Es imposible. Hubo unas cuantas cosas que acabaron en *A Night At The Opera* que de hecho queríamos hacer en el primer álbum, pero hubiera sido algo excesivo para la mayoría de la gente. No puedes meterlo todo en un único álbum. Has de esperar a que llegue el momento adecuado.

Disfruto trabajando en el estudio, aunque es la parte más intensa de mi trabajo. Es muy cansado tanto física como mentalmente. Te deja totalmente agotado. A veces me pregunto por qué lo hago. Después de *Sheer Heart Attack* acabamos locos, y dijimos: «Nunca más». ¡Y luego mira lo que ocurrió!

Después de ese álbum, nos dimos cuenta de que nos habíamos asentado. Pensamos que no existían las barreras ni las restricciones. Vocalmente podemos superar a cualquier banda, así que pensamos que todos iríamos a por todas, no nos limitaríamos en absoluto y haríamos exactamente lo que quisiéramos. De hecho, nos pasamos un poco en cada álbum, pero así es cómo es Queen. En *A Night At The Opera* [1975] había todos los sonidos imaginables, desde una tuba hasta un peine. No teníamos límites. Tan pronto como lo acabamos supimos que ya no había límites en lo que pudiéramos hacer.

Nunca olvidaré *A Night At The Opera*. Nunca. De nuestros primeros cuatro discos fue el que más tiempo nos ocupó. Realmente no estábamos preparados para él. Era muy importante hacer el álbum de la manera en que queríamos, especialmente después de haber invertido tanto tiempo en él.

Fue el álbum más importante para nosotros y contenía las canciones más potentes que habíamos hecho nunca. Sabía que iba a ser nuestro mejor álbum. Me quedé muy satisfecho por el tema operístico. Quería ser extravagante con las voces. En ese momento, habíamos hecho un álbum que, digámoslo claro, fue excesivo para la mayoría de la gente. Pero era lo que queríamos hacer. Queríamos experimentar con el sonido, y a veces utilizamos tres estudios a la vez. Necesitamos cuatro meses para grabar todo el álbum. Sólo para «The Prophet's Song», de Brian, necesitamos entre dos semanas y media y tres. Había muchas canciones que queríamos hacer. Y supone una diferencia tener también canciones cortas. Teníamos toda la libertad que queríamos, y el disco era tan variado que pudimos permitirnos hacer locuras. Disponía tan sólo de dos semanas para componer mis canciones, así que el trabajo que tuvimos fue una puta locura.

El título *A Night At The Opera* surgió al final de la grabación. Pensamos, «Oh, tenemos todas estas canciones, ¿cómo vamos a titular el álbum?». Íbamos a llamarlo de mil maneras, y luego dije: «Mirad, tiene esta clase de contenido operístico, así que vayamos en esta dirección». Entonces, Roger y yo dimos con este título y vimos que encajaba.

Aprendimos un montón sobre técnicas de estudio cuando hicimos *A Night At The Opera*. El pobre ingeniero de sonido realmente lo pasó mal, porque queríamos tanto volumen como fuera posible. De hecho, somos muy malos con eso. No parábamos de subir los controles y él no paraba de mirarlos diciendo: «¡Oh, no funcionará nunca!». Entonces le asignamos la tarea adicional de irse a Nueva York, o donde fuera, diciéndole: «Asegúrate de que suene lo más fuerte posible». Es una línea divisoria muy buena, porque siempre queremos meter más música, pero al mismo tiempo has de asegurarte de que no pones demasiada, de lo contrario va a repercutir negativamente. Pero nuestro ingeniero, Mike Stone, era muy bueno. Ese pequeño cabrón... ¡Qué tipo más majo es!

Otra cosa que realmente nos ayudó fue una gira mundial que tuvo mucho éxito y que nunca antes habíamos hecho. Nos enseñó muchas cosas. Nos enseñó cómo comportarnos sobre el escenario y cómo dominar la música. La gira arrancó en Gran Bretaña [1974] y para cuando llevamos ese mismo montaje escénico por toda América, y luego a Japón [1975], ya éramos una banda diferente. Habíamos acumulado una gran experiencia, y cuando salimos a presentar *Opera* había ciertas cosas que habíamos hecho en el pasado que ahora podíamos hacer mucho mejor. Nuestra destreza musical era mejor.

Solemos trabajar bien cuando estamos bajo presión. Trabajaremos hasta que nos fallen las piernas. Cantaré hasta destrozarme las cuerdas vocales. Somos muy exigentes y quisquillosos y aspiramos a tener un buen nivel. Si una canción no la podemos hacer como es debido, preferimos no hacerla en absoluto. Somos la banda más quisquillosa del mundo y ponemos toda nuestra pasión en cada disco. Es lo que nos anima a seguir adelante. Si hiciésemos un disco del que la gente dijera, «es como si hubiesen hecho otra vez *Sheer Heart Attack*», lo dejaría. De verdad. ¿Tú no lo harías?

Siempre habrá alguien nuevo en el panorama musical, una nueva cara después de ti y tu éxito, y ese reto es bueno. Creo que todas las bandas que han conseguido triunfar necesitan ese desafío. Es como recibir una inyección fresca todo el tiempo. Es una buena competencia, y eso me gusta. Quiero decir que, cuando empezamos, simplemente queríamos desbancar a quien quiera que nosotros pensáramos que era el mejor entonces, y poder decir que nosotros podíamos hacerlo mejor. Siempre aparecerán otras bandas, y somos conscientes de eso. Me gusta sentir que soy competitivo. Si esas bandas son buenas, llegarán lejos a pesar de todo. Hay suficiente espacio para todos. ¿No es bueno que las bandas nuevas piensen que están compitiendo contigo? Porque si no fueras *nada*, dirían: «¡Oh, olvídalos!».

Toda la movida punk [1977] fue una etapa dura para nosotros, y pensaba que eso es lo que acabaría con nosotros, pero si existe un desafío y lo asumimos, eso es lo que nos hacer seguir adelante.

De hecho, nunca lo olvidaré, estábamos en el estudio haciendo la canción «Sheer Heart Attack», y resulta que los Sex Pistols estaban en el estudio de al lado. Ya te puedes imaginar a nosotros y los estandartes de toda la movida punk rock antisistema bajo el mismo techo. De todas maneras, hice entrar a Johnny Rotten y Sid Vicious para que escucharan uno de nuestros temas y les dije que cantaría en una de sus canciones si ellos cantaban en una de las mías, y deberías haberlos visto. Era en plan: «¡No podemos cantar con Freddie Mercury!». Por entonces yo llevaba zapatillas de ballet, y cosas por el estilo. Fue bastante divertido. Creo que llamé a Sid Vicious, Simon Ferocious, o algo así, y no le gustó en absoluto. Le dije: «¿Y qué vas a hacer al respecto?». Tenía todas esas marcas, así que le pregunté si se había estado arañando delante del espejo, y él odió que yo pudiera hablarle de esa manera.

No queremos ser escandalosos. Es sólo que somos así. Somos los Cecil B. DeMille[3] del rock'n'roll, ¡siempre queremos hacer las cosas a lo grande y mejor! Pero el talento sigue siendo importante. A veces pienso: «Oh, Dios mío, la gente debe pensar que me estoy esforzando mucho en cultivar esta imagen»; pero no es así. Odiaría vivir bajo falsas apariencias. Queen no somos unos farsantes. Ofrecíamos una especie de imagen. Pero no la etiquetábamos de ninguna manera. Decíamos: «¡Esto es Queen! Ésta es nuestra música, y así es cómo nos presentamos». Lo gracioso acerca de Queen es que nadie puede ponernos una etiqueta en concreto, y no queremos dársela a nadie. Decimos: «Así somos nosotros, y de vosotros depende cómo nos interpretéis».

El amaneramiento y la extravagancia también entran en juego. Nos gusta disfrazarnos. Si cultivas cierta imagen, es sólo a corto plazo, pero nosotros estamos en esto a largo plazo. Si mañana de repente el ballet se pusiera de moda, o el jazz disfrutara de una nueva etapa de popularidad, nosotros no cambiaríamos. Seguiríamos tocando lo mismo, porque en eso es en lo que realmente creemos.

Cuando «Seven Seas Of Rhye» fue un éxito [1974], todo el mundo dijo que habíamos encontrado un mercado con esa canción, así que lo mejor sería seguir con esa fórmula. Pero noso-

---

3. Cecil B. DeMille (1881-1959): director de cine estadounidense muy conocido por sus producciones de filmes épicos y bíblicos, como *Los diez mandamientos* (*The Ten Commandments*, 1923) o *Rey de reyes* (*King of Kings*, 1927). (*N. del T.*)

tros no queríamos hacer eso. Nuestra fuerza reside en la música. Lo más sorprendente es que llevamos tanto tiempo en esto que sabemos cómo cambiar, y eso conlleva cierta dosis de inteligencia. Sé que somos buenos músicos. Sé que tenemos el talento como para permanecer en este negocio tanto tiempo como queramos. Y vigilamos más lo que estamos haciendo que la mayoría de grupos a los que les encanta meterse con nosotros.

Aprendimos de nuestros errores. Ahora no nos limitamos a meternos en el estudio y hacer discos, sino que estamos atentos a todo lo demás y nos aseguramos de que las cosas se hacen como queremos. Y eso abarca desde el diseño de las carpetas de los discos a las fundas interiores, y tratar con las compañías discográficas y los mánagers. Es como llevar adelante un proyecto enorme. Sin embargo, nos seguimos peleando. Brian y yo seguimos peleándonos como críos cada vez que estamos en la misma habitación... ¡aunque aún no le he pegado!

Es difícil precisar estas cosas, pero sin duda existe una química entre nosotros cuatro. Todos jugamos un papel en esto. Queen es como un carro tirado por cuatro caballos, y en algunas ocasiones nos turnamos para ver quién lleva las riendas. Somos cuatro personalidades distintas, y ésa es la razón por la que ha funcionado. No hay dos del grupo que seamos iguales. A todos nos gustan cosas totalmente diferentes, pero cuando nos juntamos hay una química que funciona. Aunque no sé decirte en qué consiste. ¿Quién podría decirlo? Sencillamente, es algo que parece que encaje. Es de lo que están hechos los buenos grupos... ¡y nosotros *somos* buenos!

Afrontémoslo, queridos, somos la banda más absurda que haya existido nunca.

3. «The Great Pretender»

A menudo me pregunto qué debe pensar mi madre cuando ve fotos mías en el escenario con toda esa parafernalia y ese maquillaje. Pero, al igual que mi padre, ella nunca me pregunta nada.

Mi obligación con el público es ofrecerle un buen espectáculo y asegurarme de que los Queen damos a la gente un buen y potente entretenimiento, y eso es todo. Debo asegurarme de que convenzo a la gente y de que la hago sentir que se lo ha pasado bien, de lo contrario no habrá sido un buen concierto. Me gusta que la gente se vaya de nuestros conciertos plenamente complacida, sabiendo que se lo ha pasado bien. Sé que es un cliché decir, «oh, los tienes comiendo de la palma de tu mano», pero siento que cuanto más rápido consiga eso, mejor, porque de mí depende controlar la situación. Entonces sé que todo está yendo bien.

La gente quiere que la entretengan de diversas maneras, pero sé que no quiere ver a unos músicos que salen ahí para tocar sus canciones con indiferencia. Nosotros no somos así. Eso ya se puede escuchar en los discos. Para nosotros, la fuerza radica en cuatro músicos intentando entretenerte. Me gusta pensar que nuestras canciones toman formas diferentes dependiendo de lo que queramos darte. Algo como «Love Of My Life» es una canción completamente diferente a lo que puedes escuchar en el álbum. Depende de cómo nos sentimos al tocarla. Además, ¿puedes imaginar que pasaría si tocásemos el tipo de temas que hemos compuesto, como «Bohemian Rhapsody» y

«Somebody To Love», con pantalones vaqueros y camisetas, sin ningún tipo de representación escénica? No podría funcionar nunca.

Algunas bandas utilizan grabaciones en los conciertos, pero a nosotros no nos va eso de hacer *playback*. Nosotros no tenemos nada que ver con eso, y somos los primeros en decir que si no podemos interpretar una canción de un disco en el escenario, entonces nos olvidamos de tocarla completamente. No hacemos trampas con grabaciones, y en lo que respecta a «Bohemian Rhapsody», ahí hubo una progresión natural. Al principio pensamos que no íbamos a ser capaces de reproducirla en directo, así que la dividimos en partes, como si fuera un *medley*. Entonces, una vez que estábamos en Boston, dije: «¿Por qué no intentamos hacer "Rhapsody" como un todo? No será como si estuviéramos allí tocando instrumentos e intentando hacer *playback*». Así que lo intentamos un par de veces y creo que [el resultado] es muy efectivo. Ahora lo hacemos así siempre.

Diría que canciones como «Rhapsody» y «Somebody To Love» son canciones con una gran producción, muy, muy dominadas por los juegos vocales, lo que es uno de los aspectos clave de Queen. Ésa es la razón por la que «Somebody To Love» es una canción tan difícil de hacer en directo. Te lo digo de veras, te pone muy nervioso, y la primera vez que presentamos esa canción la tocamos muy rápida porque queríamos terminarla lo antes posible. Ese tipo de canciones se han de arreglar de manera diferente. Quiero decir que, ¿cómo se puede recrear un coro de gospel de 160 miembros? No se puede. Es imposible.

En mi opinión, mucha gente que compra nuestros discos es lo suficientemente inteligente como para darse cuenta de que todas las voces las hacemos nosotros cuatro solos. Por lo tanto, saben que es imposible que podamos recrear eso en directo, por mucho que nos esforcemos. Por lo que a mí respecta, considero que es más importante cómo transmitimos la atmósfera de la canción sobre el escenario.

Todas nuestras canciones toman una nueva forma cuando las tocamos en directo. Muchas de las cosas evolucionan de manera natural. Es mucho mejor intentar descubrir cuál es la mejor manera de hacer una canción que tener ideas preconcebidas sobre lo que sea. De lo contrario, canciones como «Crazy Little Thing Called Love» nunca las tocaríamos.

La gente prueba cosas diferentes, y siempre ha existido el uso de muchos elementos teatrales. Todos los grandes artistas los han utilizado alguna vez, como Jimi Hendrix y los Stones. Han de estar presentes. Personalmente, me encantan, porque odio limitarme a salir allí y cantar. Me gusta exagerar en las actuaciones e interpretar realmente una canción. Me gusta moverme, y cada canción posee un tipo distinto de agresividad, y me gusta mostrarla. Quiero decir que la mayoría de las canciones las puede interpretar cualquiera simplemente estando sentado, pero no produciría el mismo efecto o impacto. Si ése fuera el caso, entonces daría igual que en vez de nosotros hubieran cuatro figuras de cartón recortadas en el escenario y nos limitáramos a poner el disco a través del sistema de amplificación.

La idea de ser generosos en la puesta en escena es algo que me atrae mucho. Me gusta ese enfoque de entretenimiento y me gusta todo ese aspecto cabaretero. Me encanta Liza Minnelli, creo que es una pasada. Pero tengo que encontrar la manera de combinar ese aspecto con el grupo, y no separarlo de él. Eso es lo difícil. Somos un poco llamativos, pero también creo que somos sofisticados. No hacemos glam rock, sino que seguimos la tradición del mundo del espectáculo.

En los primeros tiempos simplemente íbamos de negro en el escenario, lo que era bastante atrevido. Luego empezamos a vestirnos de blanco, para variar, y así fuimos cambiando cada vez más. Me visto de manera atrevida, pero con elegancia, y me siento bien con mi ropa en el escenario. No sólo vas a ver un concierto, también es un espectáculo de moda. Me encanta cambiarme de ropa en el escenario y eso forma parte del aspecto teatral. Entro en el escenario después del solo de guitarra de Brian y la gente sabe que algo está a punto de suceder.

Es sólo una manera de madurar. Te aburres de llevar la misma ropa y mostrar siempre el mismo aspecto. Y me encanta vestirme. De una apariencia más tipo ballet he ido a una imagen potente de cuero. La influencia del cuero vino tras ir a varios bares de Alemania y, por supuesto, lo llevo con estilo.

Me gusta el cuero. Me gusta imaginarme que soy una pantera negra.

Al final sabemos que las canciones hablan por sí mismas, y si tuvieras una canción de mierda no sonaría mejor simplemente porque lleves una ropa maravillosa. Siempre he pensado: «¡Dios mío! No te tomes tan en serio». Y la mejor manera para hacerlo es poniéndote ropa ridícula. Llevar zapatillas de ballet y mallas resulta irónico. Era algo que me interesaba en esa época. Intentaba incorporarlo en nuestra puesta en escena, potenciar la música que tocábamos, pero si no hubiese funcionado entonces no lo habría hecho. Además, me gustaba cómo vestía Nijinsky. Por lo que a nosotros respecta, ofrecemos un espectáculo, y no nos limitamos a interpretar un disco.

Somos auténticos rockeros, pero la presentación es muy importante y es algo que muchos grupos descuidan. Nuestra puesta en escena ha cambiado, ha crecido y ha madurado con cada gira que hemos hecho. Visualmente somos una banda muy excitante de ver. Todo nuestro montaje es fantástico, comenzamos y nos desenfrenamos. Cada canción nueva necesita ser expresada tanto visual como musicalmente, y no podríamos soportar hacer siempre un concierto igual que otro. No queremos muchos accesorios en el escenario, aunque tenemos un poco de hielo seco y ponemos algún que otro adorno. Por cierto, no *utilizamos* vapor. Un periodista neoyorquino dijo que usábamos vapor, y me imaginé a nosotros detrás del escenario con teteras hirviendo.

Pensamos que un concierto debe ser un espectáculo, y la prensa nos ha dejado por los suelos por nuestra extravagante puesta en escena. Pero de eso se trata. Queremos presentar un espectáculo, así que tenemos una artillería de luces y un sistema de sonido muy complejo. Pero todo está pensado para mejorar la música. La gente ve fotografías de nosotros vestidos de esa manera y piensa: «¡Oh, sólo es glam rock!». Lo siento por esa gente, porque si hubieran hecho un poco los deberes descubrirían de qué vamos *realmente*.

A veces, en el escenario, voy al límite, ¿verdad? Pero he aprendido a hacer este tipo de cosas con un aire irónico, ridiculizándome a mí mismo, y el público ha acabado por aceptarlo. Quiero decir que, ¿quién saldría impune tras acercarse a las primeras filas del público y lanzarles agua a la cara, y cosas por el estilo? Si todo eso lo hiciera en serio, entonces obviamente se estropearía el ambiente. Pero en realidad es algo divertido. Lo que de verdad me anima a seguir adelante es que me gusta reírme de mí mismo. Si fuéramos otro tipo de banda, con temas y mensajes políticos, entonces sería algo totalmente distinto. Ésa es la razón por la que puedo llevar puestos unos pantalones cortos ridículos y sobreactuar con saludos casi en plan Gestapo. Todo es muy *kitsch*. Aunque no todo el mundo se da cuenta de eso.

Una vez tocamos en un teatro en Nueva York con Mott the Hoople y una mujer en particular escribió que se dio cuenta de que cuando me cambiaba de ropa también me cambiaba de zapatos y calcetines. Además, añadió que estaba tan cerca de mí que podía adivinar de qué religión era yo, ¡y de que no llevaba calzoncillos! Estos periodistas se fijan en todo, incluso si tienes un grano en el culo. Por cierto, no hay ninguna botella de cola metida aquí abajo, queridos míos. Mi manguera es de cosecha propia... ¡Es toda mía!

Me siento increíblemente poderoso en el escenario y estoy completamente inmerso en la música. Es impresionante y alucinante estar allí arriba con toda esa gente en la palma de tu mano. Pero no se me ocurre nunca que pueda tener el poder de hacer declaraciones políticas a la gente. No soy un Mesías ni nada de eso, no quiero dar sermones a nadie. De ninguna manera. No quiero liarme dándoles discursos.

En manos menos sensatas, ese poder podría ser arriesgado. Podría provocar un disturbio si quisiera. De repente piensas: «Tengo todo este poder. ¡Puedo destruir!». La adrenalina está ahí, te sientes como el demonio y es maravilloso, absolutamente maravilloso. Pero tengo bien claro que nunca abusaría de ese poder. No salgo cada noche al escenario pensando: «¡Caramba! Tengo ese poder». ¡Soy demasiado maravilloso para hacer eso, queridos!

A veces siento que podría ser el flautista de Hamelín, pero no me gustaría pensar que la gente es tan estúpida. No creo que nadie me siguiera hasta el río... Tendría que arrastrar a esos desgraciados. Mi trabajo no consiste en adoctrinarles, mi trabajo es hacer música. No quiero cambiar sus vidas de un día para otro, no quiero implicar al público en mensajes de paz ni nada por el estilo. Se trata de escapismo, y quiero que disfruten con mi música durante ese espacio de tiempo, y cuando no les guste sencillamente pueden deshacerse de ella y tirarla al cubo de basura. Me siento como si fuera el maestro de ceremonias, y eso es lo máximo a lo que aspiro porque han venido para pasárselo bien y eso es todo. El entretenimiento es el factor clave, por lo que a mí respecta, y de ninguna manera me gustaría sentir que soy una especie de portavoz político.

Sencillamente, soy muy frívolo y me gusta pasarlo bien, y ¿qué mejor manera que en el escenario delante de 300.000 personas? ¡En el escenario estoy que *hiervo*! Para mí, tocar delante de una gran multitud —ese tipo de oleada— no tiene parangón. La sensación que obtengo del público es mejor que el sexo. Me encanta la excitación que provoca y siempre siento que quiero más: cada vez más y más. ¡Sólo soy una fulana musical! Esa es mi naturaleza, pero no soy así en la vida real. Cuando salgo del escenario necesito horas para relajarme y transformarme de nuevo en mi auténtico yo. Mi personalidad está hecha a base de todo tipo de componentes, y el Freddie del escenario es tan sólo un elemento de mí.

A veces me siento realmente malvado cuando subo al escenario. Cuando salgo ahí afuera estoy metido en mi mundo. Salgo allí y me lo paso bien. Lo que cuenta es la participación del público, y a veces siento que podría meterme dentro del público y montar una fiesta: ser simplemente Freddie Mercury chuleando y pasándolo bien.

Me siento tan poderoso en el escenario que parece que haya creado un monstruo. Cuando estoy actuando soy un extrovertido, y sin embargo por dentro soy un hombre completamente diferente. En el escenario soy un gran macho, un objeto sexual, y soy muy arrogante, así que la mayoría de la gente me rechaza por eso. Pero realmente no soy así. No saben realmente cómo soy por dentro. La gente cree que soy un ogro. Unas chicas me silbaron una vez en la calle, diciendo: «¡demonio!». Creen que soy realmente desagradable, pero eso es sólo en el escenario.

¿Y afuera? Bueno, sin duda no soy ningún ogro. Por supuesto, mi vena escénica, la que me hace sentir encantado de ir dando saltos y de ser tan volátil, es auténtica, pero la gente no se da cuenta de que hay mucho más. Esperan que también sea el mismo en mi vida privada. Dicen: «Venga Freddie, *actúa*. Anímanos un poco».

La gente suele pensar que porque voy como una moto en el escenario, también debería ir como una moto por la vida. Pero no es así. Todo este asunto de vivir la vida de manera excesiva es algo desproporcionado. Básicamente llevo una vida sólo un poco por encima de la media, pero no llevo una vida loca todo el tiempo. No hago una vida de *kamikaze*. Soy extravagante, tengo mucha energía y sencillamente me gusta hacer las cosas rápido a todas horas. Puedo estar sin dormir durante largos períodos, ésa es mi naturaleza. Pero debido a cómo soy en el escenario la gente cree que voy así por la vida. Si lo hiciera, ya hace tiempo que estaría muerto.

No quiero que la gente diga que me ha visto por la calle comportándome de la misma manera. No, no, no..., han de poder ver que una persona puede transformarse. Ése es el talento interno. Eso es lo que te convierte en alguien especial. No puedes representar los mismos elementos del escenario en la cocina de tu casa, en tu hogar. Has de transformarte en otra persona y separarla del personaje del escenario para que así sea especial. De lo contrario no habría diferencia alguna cuando sales de casa que cuando estás en el escenario.

Ya quedaron atrás los días en que pensaba que tenía que representar esa imagen de Freddie Mercury cuando estoy fuera del escenario debido a lo que la gente esperaba de mí. Descubrí que puedes acabar sintiéndote muy solitario si tienes que hacerlo, así que ya no temo salir del escenario y limitarme a ser yo mismo, lo cual puede ser muy aburrido e insulso para algunas personas. Cuando estoy en casa voy con pantalones tejanos y una camiseta. De hecho, muchas personas cuando me conocen pueden llegar a sentirse muy desilusionadas porque esperan que sea exactamente igual que cuando estoy en el escenario. Pero soy un ser humano y me gustaría que la gente se diese cuenta de que soy igual de bueno y de malo que todo el mundo.

Tengo los mismos sentimientos y el mismo tipo de cualidades destructivas, y creo que la gente debería otorgarme esa libertad. Me gustaría sentir que puedo ser yo mismo y me importa un bledo lo que digan los demás.

Quiero que la gente saque sus propias conclusiones sobre mí y mi imagen. No quiero tener que decir: «*Así* soy yo». Creo que el misterio, ese no saber la verdad sobre alguien, es muy atractivo, y lo último que quiero hacer es darle a la gente una idea sobre quién soy realmente. Ésa es la razón por la que juego con el tema de la bisexualidad, porque se trata de algo más..., es más divertido.

Naturalmente que soy escandaloso, amanerado, teatral y dramático, pero no he *elegido* esa imagen. Soy quien soy, y de hecho la mitad de las veces me guío por el instinto. Sería injusto conmigo mismo si no llevara maquillaje porque algunas personas crean que no es correcto. Incluso hablar del hecho de ser gay solía ser algo repugnante o algo de lo que no se hablaba, pero esos tiempos ya son historia. Ahora hay mucha más libertad y puedes comunicarte de la manera que quieras.

Siempre quiero tocar para tanta gente como sea posible. ¡Cuanta más gente mejor! Creo que todo aquél que quiera tener éxito o que ya lo tenga quiere tocar para el máximo número de personas posible, y no tengo reparos en hablar claro y admitirlo. Quiero llegar a tanta gente como sea posible, y cuanta más gente, más contento estaré. En lo que a mí respecta, me gustaría que todo el mundo escuchara mi música y que me escuchara a mí y me mirase cuando estoy actuando en el escenario.

Hacer de teloneros fue una de las experiencias más traumáticas de mi vida. Cuando haces de telonero de otro artista en una gira hay muchas limitaciones. No puedes tener tu propio juego de luces, ni decides cuánto tiempo tocas, ni tus efectos. No puedes enseñarle al público lo que puedes hacer de ninguna manera a menos que seas el artista principal y sepas que la gente ha venido a verte *a ti*.

La primera vez que fuimos a Norteamérica fue como teloneros de Mott The Hoople, y fue una gira para romper el hielo. Vimos un poco lo que es Norteamérica y aprendimos lo que necesitaríamos la siguiente vez que fuéramos allí. Creíamos que era más importante la música y no el montaje, y pensábamos que nuestra música tenía algo lo suficientemente diferente, cierta originalidad y polivalencia. Nuestra compañía discográfica en Estados Unidos [Elektra] no apostaba por nosotros como «la próxima sensación». Dijeron: «Escuchad esto. Esto es rock británico en la tradición clásica».

Tuvimos unos cuantos contratiempos. Estábamos allí para promocionar el disco *Queen II*, que empezaba a tener éxito, pero, en el momento álgido de la gira, Brian se puso enfermo de hepatitis. De hecho, había tenido la enfermedad durante seis años sin saberlo. De todas maneras, la cancelación de la gira fue un duro golpe y pensamos que era un desastre. Aun así, pudimos actuar durante un mes, y si no hubiéramos ido en absoluto, probablemente hubieran pensado que nunca habíamos existido. Por supuesto, una gira entera nos habría sido de más ayuda, pero nunca pensamos que habíamos «perdido nuestra oportunidad." Sabíamos que estar allí en ese momento fue bueno para nosotros y que íbamos a volver muy pronto. Deberías haber leído las críticas; eran muy halagadoras, y querían que volviéramos tan pronto como pudiéramos.

Al año siguiente, cuando acabamos la gira europea, regresamos a América, pero no fue bastante bien. Duró dos meses, y fue cuando me llevé un buen susto. Tenía problemas con mi voz y pensaba que sólo era una molestia en la garganta. Pero empezó a dolerme de veras, especialmente después de hacer seis conciertos en cuatro noches. Se empezaron a formar estos nódulos horribles en mis cuerdas vocales. Fui a ver a algunos especialistas y me aconsejaron que me operara. Me aplicarían un tratamiento con un rayo láser, con el que me quitarían los nódulos. Pero no sabían cuáles podían ser los efectos secundarios, que podrían haber sido peligrosos. Al final me dijeron que tenía que dejar de cantar o me quedaría absolutamente sin voz. Eso realmente me asustó, por lo que tuvimos que cancelar muchos conciertos.

En Estados Unidos parecía que nos perseguía la mala suerte. En nuestra gira de 1975, una joven fulana se metió en mi habitación del hotel y me birló mis joyas y pulseras. Estaba saliendo justo de la habitación cuando la abordé al llegar al ascensor. La cogí del cabello, la arrastré hasta la habitación, vacié su bolso y de allí salió de todo excepto el fregadero de la cocina. Recuperé mis cosas y le dije: «¡Sal de aquí, puta de Seattle!».

Un año después, mi muy prometedora carrera en el pop casi se acaba de manera abrupta. Dos chicas que estaban fuera del teatro decidieron que querían quedarse mi bufanda como recuerdo. Casi se olvidan de que la tenía enrollada en el cuello y casi me estrangulan. Estoy seguro de que Su Majestad no tiene que aguantar ese tipo de cosas, aunque tampoco ha tenido ninguna canción en las listas de éxitos, ¿verdad?

Siempre me encantó ir de gira por Japón, especialmente por todas esas chicas geishas —y chicos—. Me encantaba el estilo de vida y el arte de allí. ¡Maravilloso! Volvería allí mañana, si pudiera. Sabíamos que iba a ser realmente excitante en cuanto aterrizamos. Cuando entramos en el edificio del aeropuerto, no podíamos creer lo que estábamos oyendo. Habían dejado de anunciar los vuelos y, en vez de eso, sonaba música. Es una sensación increíble llegar a un país lleno de fans, y todos esperábamos poder estar a la altura.

Entonces *Queen II* era el LP del año, y la histeria se desató en el momento en que llegamos; disturbios en el aeropuerto, guardaespaldas, igual que en los viejos tiempos de los Beatles. La organización era fascinante, y disfrutamos cada minuto. Necesitábamos protección porque no podías bajar al vestíbulo del hotel, ya que estaba infestado de gente realmente simpática esperando para conseguir autógrafos. Cada uno de nosotros tenía su propio guardaespaldas, y el mío se llamaba Hitami. Era el jefe de la patrulla de guardaespaldas de Tokio, y su trabajo consistía en mimarme y consentirme a lo largo de toda la gira y asegurarse de que nadie me hacía daño alguno. Era encantador y me dio una linterna japonesa preciosa, que guardo como un tesoro.

También acudimos a una ceremonia de té, parecida a la que acudió la Reina, y me acordé de cómo empezó a hacer muecas tras un par de sorbos. En esencia se trata de un líquido denso verdoso, ¡y es de un amargo endemoniado! En teoría te lo has de acabar en tres sorbos. Después fuimos a una recepción en la que estaban presentes los hombres de negocios más importantes de Japón, además del embajador británico y su mujer. Ella nos dijo: «Fuimos a ver a Led Zeppelin, ¡pero tocan tan fuerte!».

En los conciertos, no podía creerme la de gente que había, todo el mundo arremolinado, todos balanceándose y cantando. Hemos sido muy afortunados, ya que allí donde hemos estado hemos tenido un tipo de acogida muy parecida, en la que el público conecta mucho en términos de participación. Más tarde, donde fuera que tocáramos «Love Of My Life», la gente sabía de manera instintiva que tenía que cantarla. Es algo increíble de ver. No tenía que pedírselo al público, sencillamente sabía su papel automáticamente. Me gusta un público que responda de esta manera. Quizá nos gustaría que se quedara sentado y de vez en cuando escucharan algunas canciones, pero me gusta mucho más cuando se vuelve loco, y eso saca lo mejor de mí mismo.

Sí, fue una gira potente, pero con el transcurso de las noches acabamos en un nivel diferente. Sabíamos que teníamos que hacer, y tras la cual pudimos hacer la siguiente en Inglaterra a nuestra manera, exactamente como queríamos. Para empezar, nos contrataron con mucha antelación en salas relativamente grandes, pero cuando las fechas se acercaron ya habíamos sacado el nuevo disco y aparecimos en algunos programas de televisión, y a partir de ahí todo se aceleró. Creo que si hubiésemos esperado hubiéramos podido tocar en todas las salas grandes, era sólo cuestión de esperar el momento oportuno. Pero estoy contento de haber hecho la gira cuando la hicimos, incluso a pesar de que hubo mucha tensión tanto física como mental.

Es genial estar de gira y subirse al escenario delante de un gran número de personas que nunca nos han visto antes. Has de empezar de cero y tocar cada canción como si de un nuevo tema se tratase, y eso es estupendo. También has de utilizar todos tus viejos trucos, porque siempre estamos interesados en provocar una reacción entre aquellas personas que vienen a vernos. Estoy que me salgo, y hay aspectos en mi presencia escénica que sé que provocarán cierta reacción. Una vez pensé en que me llevaran al escenario unos esclavos nubios y que me abanicasen. Iba a hacerles una prueba y elegir personalmente a los ganadores. ¿Pero dónde encuentras un esclavo nubio?

Básicamente, la gente quiere arte, quiere espectáculo, y quiere ver cómo sales disparado en tu limusina. Es por eso que consideramos los discos y los conciertos como dos esferas diferenciadas de nuestro trabajo. En el estudio hay una sensación diferente comparada con cuando estás en el escenario, allí arriba, frente al público, es donde realmente podemos desmadrarnos. Nos exigimos un gran nivel y el 99 por ciento del público no estaría de acuerdo con nuestra valoración de cada concierto. Todos nos gritamos unos a otros y destrozamos los camerinos y liberamos nuestra energía. Acabamos montando una bronca por todo, incluso por el aire que respiramos. Siempre nos tiramos a la yugular de los otros. Una noche, Roger estaba de un humor de perros y lanzó toda su maldita batería por el escenario. Por poco me da, y me podía haber matado. En otra ocasión, Roger le roció accidentalmente la cara a Brian con su laca en un camerino diminuto y sofocante, y casi llegaron a las manos. ¡Aunque fue muy divertido!

Creo que, para entonces, los Queen realmente habíamos desarrollado nuestra propia identidad. En Norteamérica vieron que éramos buenos, igual que en Japón, y éramos el grupo más grande en Japón. No me importa decirlo. Podíamos superar a cualquiera porque lo hacíamos según nuestros propios términos musicales. Sabíamos que si hacíamos armonías vocales nos compararían con los Beach Boys, y si hacíamos algo heavy seríamos como Led Zeppelin. En cambio siempre nos ha gustado confundir a la gente y demostrar que realmente no nos parecemos a nadie. Quizá tengamos más en común con Liza Minnelli que con Led Zeppelin. Seguimos más la tradición del mundo del espectáculo que la del rock'n'roll. Tenemos una personalidad propia porque combinamos todos esos elementos que definen a Queen. Ésa es la razón por la que mucha gente no parecía darse cuenta.

Seguíamos aprendiendo sin parar, y la gente te valora siempre por tu última actuación. Todos buscábamos la perfección y pulir nuestro espectáculo. Sin embargo, no siempre salen las cosas como quisieras. En muchas ocasiones salí disparado del escenario para un cambio de vestuario y escuchaba el final abrupto del solo de guitarra de Brian cuando aún me estaba poniendo los pantalones, así que tenía que volver pitando al escenario a medio vestir. Me pillaron así muchas veces.

Pensábamos que mientras tuviéramos la sensación de ir logrando cosas y de que estábamos explorando nuevos terrenos, ya estaríamos contentos, y que entonces debíamos seguir adelante. No nos iban a dejar ir a Rusia, pensaban que corromperíamos a la juventud o algo así. Queríamos tocar donde la música rock no se había tocado nunca antes. Ésa es la razón por la que fuimos a Latinoamérica [1981] y al final abrimos el mercado sudamericano al resto del mundo. Si triunfas allí, la cantidad de dinero que consigues puede ser tremenda.

En un principio, fuimos a Sudamérica porque nos invitaron. Querían a cuatro chavales sanos para que tocaran música agradable. Cuando acabamos, yo quería comprar el continente entero e instalarme como presidente. Habíamos tenido en mente la idea de hacer una gran gira por Sudamérica durante mucho tiempo. Pero Queen en la carretera no es simplemente una banda, implica a un vasto número de personas y nos cuesta mucho dinero poder salir de gira. Al final dijimos: «¡A la mierda con los gastos, queridos, hay que vivir la vida!».

Sabía mucho sobre Argentina, pero nunca me imaginé que allí fuésemos tan populares. Estaba asombrado por la reacción del país ante nuestra visita. Todos estábamos terriblemente nerviosos, porque no teníamos ningún derecho a esperar automáticamente una gran bienvenida en un territorio desconocido. No creo que hubiesen visto antes un espectáculo tan ambicioso, con todas las luces y efectos que utilizamos.

Vinieron un montón de periodistas de todas partes del mundo para vernos tocar en Argentina y Brasil. En São Paulo, tocamos para 120.000 personas una noche y para 130.000 la noche siguiente. Nadie lo había hecho nunca antes, y era algo absolutamente novedoso para ellos. Les preocupaba que, con un público tan vasto, el asunto adquiriera un cariz político, y me rogaron que no cantara «Don't Cry For Me Argentina». Tenían allí al Escuadrón de la Muerte para protegernos, la dura, dura policía que de hecho mata a la gente a la más mínima ocasión, en caso de que la multitud se desmadrase. Y antes de volver al escenario, los militares ya estaban ahí en frente con las bayonetas.

De hecho nos llevaron de un lugar a otro en vehículos blindados que normalmente se utilizaban en los disturbios. Queridos míos, fue la parte más excitante de todas. Había seis motos de la policía rugiendo delante nuestro, sorteando y zigzagueando entre la multitud y el tráfico igual que en una exhibición. La furgoneta tenía agujeros en un lateral para poder meter sus armas; allí estábamos nosotros, saliendo del estadio de forma ostentosa y espectacular. Fue fantástico.

Río de Janeiro, en 1985, fue maravilloso. Fue impresionante estar allí arriba con toda esa gente en la palma de tu mano. Durante «Love Of My Life», estuve allí parpadeando como un loco y tragando saliva, con la misma sensación que me produce The Last Night Of The Proms.[4] Tocar cuando aún es de día supone una gran diferencia, y la gente está más suelta. Fue un público maravilloso y me encantó cómo mostraron su emoción.

A veces se excitaban demasiado y tuvimos algún problema cuando se produjo una pelea entre algunas personas del público y un cámara. Fue durante «I Want To Break Free», porque en el vídeo para esa canción nos habíamos «vestido para la ocasión». Así que, para reforzar esa imagen, salí al escenario con tetas falsas debajo de mi camiseta y con una aspiradora, y la gente se volvió un poco loca. Al principio pensé que mis tetas eran demasiado grandes para el público. El problema era que cuando me las probé por primera vez, en Bruselas, al principio de la gira, algunas personas que trabajan para mí dijeron que desde el fondo del estadio realmente no podías verlas, a menos que fuesen el doble del tamaño de las de Dolly Parton. Así que tuve que ponerme tetas más grandes. No sé por qué la gente se excitó tanto al verme vestido de mujer; allí había muchos travestis, sólo tienes que ir a cualquier esquina de una calle y te los encontrarás.

---

4. The Last Night Of The Proms (La última noche de los Proms) es el último concierto de los Proms, el mayor festival de música clásica del mundo, que se celebra cada año en Inglaterra. Suele consistir en música clásica popular, seguida de himnos muy conocidos, como «Jerusalem» y «God Save The Queen». (N. del T.)

Naturalmente que no iba vestido así para provocar a la gente, y quizá iba colocado como la Reina de Saba, ¡pero no iba a dejar de llevar mis tetas por nadie!

Yo era el que quería dejar de ir de gira y cambiar el ciclo que llevábamos viviendo desde hacía mucho tiempo. Si seguíamos yendo de gira quería hacerlo por razones totalmente diferentes. Ya estaba harto de todas esas luces rimbombantes y esos efectos escénicos. Pensaba que a mi edad no tenía que ir corriendo más por allí con leotardos. De verdad te lo digo, notaba los efectos secundarios de ir de gira, era como si hubiera corrido una maratón cada noche. Tenía moratones por todas partes.

Así que, antes de empezar la gira de Magic [1986], de hecho estaba bastante preocupado porque conocía mis propias limitaciones y pensaba que el público iba a esperar que hiciera el mismo tipo de cosas que siempre había hecho. Pensé: «¡Dios mío! Tengo que pasar por todo eso otra vez». Y una vez estás de gira no puedes poner excusas. No es como los primeros tiempos, cuando podía hacer de todo porque siempre sabía que podía salirme con la mía. Ahora todo el mundo me está observando.

Si engordo un poco, si me pego una comilona y la gente lo nota, me empezarán a llamar «el rechoncho Mercury». Tenía que pensar en todo eso y asegurarme de que estaba en perfecta forma. Pero, aun así, no importa lo mucho que te prepares de antemano, sólo sabes si va a funcionar en el momento que haces el primer concierto, y por entonces es demasiado tarde porque toda la gira ya está planeada y las salas reservadas.

Siempre hemos pensado que si no fuéramos capaces de ofrecer un espectáculo tal y como queríamos, entonces no merece la pena. Odio este proceso de poner en marcha un espectáculo y luego poner excusas. Es una gilipollez. Una vez das un concierto tienes que entregarte.

También estaba realmente preocupado porque mi voz estuviese a la altura. Cuanta más gimnasia vocal haga en el estudio, más tengo que hacerla en directo, porque en caso contrario la gente diría, «vaya, sólo puede hacerlo en estudio», y eso lo odio.

Me gusta tener la libertad de correr por el escenario, pero cuando vi el diseño del escenario para la gira de Magic, pensé: «¡Oh, Dios mío! ¿Qué voy a hacer? Necesitaré patines para ir de un extremo al otro». No quería decepcionar a nadie, así que, al principio, sencillamente no quise hacer la gira. Pero creo que todo es un problema mental. Incluso aunque pensaba que debía hacer todos esos entrenamientos, al final pensé: «¡Joder! Me *obligaré* a hacerlo». Así que hice algunas flexiones y aunque los tres o cuatro primeros conciertos fueron una agonía, mis músculos empezaron a funcionar, y después de eso todo salió bien. Estoy contento de haber hecho esa gira, porque ha sido una de las giras de más éxito que hemos llevado a cabo y me alegra haberme arriesgado.

Mi voz me ha dado problemas desde los primeros años al salir de gira, porque solíamos hacer giras realmente largas y, a veces, incluso sesiones de tarde. ¿Podéis imaginarme haciendo sesiones de tarde, queridos? Acabé con nódulos, callos molestos en mi garganta, que, de vez en cuando, afectaban a mis facultades vocales. Lo que los provoca es abusar de la voz, y una vez te salen nódulos siempre se quedan ahí, y siempre acaban volviendo a aparecer.

Por ejemplo, una vez, en un concierto en Zurich, creo que fue, de hecho me quedé mudo en el escenario. Pensé: «Dios mío, ¿qué voy a hacer?». Apenas podía hablar, no salía nada de mi garganta, y era una sensación horrible. Normalmente puedo fingir, pero sólo puedes fingir hasta cierto punto, y después de eso se convierte en algo ridículo. Así que me dije: «¡a la puta mierda!», y me largué dejando a los otros tres en el escenario. Nunca le había fallado antes a mi público de ese modo. De una u otra manera, siempre superaba ese momento y terminaba el concierto entero. Pero tuve que hacerlo, y estaba muy cabreado. Desde que ocurrió eso, es una pesadilla recurrente que tengo. Si sucedió una vez, podría volver a ocurrir.

A veces, el calor de los focos no permite que el humo del hielo seco se eleve con rapidez, y entonces tengo que cantar en medio de una niebla. Son sólo los riesgos al estar de gira, pero resulta muy frustrante porque quieres llegar a esas notas altas. Y en cambio estás cantando una octava más baja porque no quieres jugártela, y acabas con la voz ronca.

Al intentar cantar unas estrofas, abrí mi boca y no salió nada. Los otros fueron muy comprensivos, pero en realidad, ¿qué pueden hacer? No pueden gritarme y decir: «Has de tener voz». Fueron de mucha ayuda. A veces, cuando me acercaba a una nota aguda, me limitaba a abrir mi boca y la cantaba Roger. Roger canta muy bien, igual que Brian. Fueron mis muletas cuando los necesité.

Sigo teniendo mis nódulos, así que no debo pasarme con el vino tinto, y para calentar mi voz hago lo que denomino «simulacros operísticos». Sin embargo, lo hago desnudo, porque tiene cierta gracia hacerlo así. Con ropa puesta no funciona, así que canto completamente desnudo.

Fui a ver a varios laringólogos, creo que los vi a todos, pero siempre te dicen que has de descansar y no salir de gira, o que te operes. Estuve a punto de que me operaran, pero no me gustaba la pinta del médico y me sentía un tanto preocupado por el hecho de que me metieran instrumentos extraños en mi garganta.

Siempre me deprimo y me enfado cuando se acaba una gira. De repente estás otra vez en casa y has de obligarte a acostumbrarte a un nuevo ritmo. Has de volver a hacerte tú mismo el té, y yo estoy acostumbrado a que me mimen, queridos míos.

Al final, quiero que la gente me vea como alguien que canta bien sus canciones y las interpreta como es debido. Me gusta que la gente se vaya de un concierto de Queen sintiendo que se ha entretenido, que se lo ha pasado muy bien. Los conciertos son puro escapismo, como ver una buena película. Después de eso, todo el mundo puede irse y decir que fue estupendo, y volver a sus problemas.

4. El golpe maestro

Anteriormente nos hemos visto obligados a hacer concesiones, pero cortar una canción nunca será una de ellas.

«Bohemian Rhapsody» era algo que quería hacer desde hacía mucho tiempo, de hecho. No era algo en que hubiera pensado demasiado en los discos anteriores, pero sentí que cuando fuésemos a hacer el cuarto álbum iba a hacerlo.

En realidad, eran tres canciones y, sencillamente, las junté. Siempre había querido hacer algo operístico, algo que creara una atmósfera al principio, y que cambiara a algo más rockero que estalla con una parte operística —un cambio abrupto— y que luego recupera el tema. En realidad no tengo ni idea de ópera, sólo conozco algunas piezas. Quería crear lo que pensaba que Queen podía hacer con ese asunto. No intentaba decir que se trataba de una ópera auténtica, por supuesto que no, no es un plagio de *La flauta mágica*. No estaba diciendo que fuese un fanático de la ópera y que lo supiera todo de ella, sólo quería meter algo de ópera en un contexto de rock'n'roll. ¿Por qué no? Se trataba de ir tan lejos como me permitieran los límites de mi capacidad.

Me gusta pensar que hemos superado el rock'n'roll, dilo como quieras, y que no existen los límites. Es algo abierto, especialmente ahora, cuando todo el mundo está tanteando el terreno y con ganas de explorar nuevos territorios. Eso es lo que he intentado hacer durante años. Nadie ha incorporado el ballet.

Quiero decir que es algo que suena muy escandaloso y extremado, pero sé que llegará un momento en que sea algo frecuente. Es algo que probaré, y si no funciona, bueno, pues no funciona. Probaré otra cosa.

«Rhapsody» necesitaba meditarse atentamente, no era algo que saliera de la nada sin más. Ciertas canciones requieren ese tipo de estilo grandilocuente. Tuve que trabajar como un loco. Sencillamente, quería ese tipo de canción. Investigué un poco. Aunque se trataba de algo irónico y era una ópera simulada, seguía queriendo que Queen lo hiciese. Estoy muy satisfecho por el tema operístico. Quería ser provocador con las voces, porque siempre se nos compara con otra gente, lo cual es muy estúpido. Si realmente escuchas la parte operística, no hay comparación posible, que es lo que queríamos.

¿Quieres saber un secreto profesional? Muy bien. De hecho, fue una tarea bastante colosal, ya que se hizo en tres secciones diferentes que al final se juntaron. Cada una requería mucha concentración. La parte operística del medio fue la más exigente, ya que queríamos recrear una sección con grandes armonías operísticas sólo entre nosotros tres, cantando Brian, Roger y yo mismo. Eso implica el uso de muchas pistas y demás trucos. Creo que entre los tres creamos un efecto coral de entre 160 y 200 voces.

Había una parte en la que teníamos que cantar «¡No, no, no!», ese tipo de frase ascendente, en la que simplemente nos sentamos allí cantando «¡No, no, no, no, no, no, no!» como unas 150 veces. Eran los tiempos de los estudios con 16 pistas. Ahora tenemos 24 y 32 pistas, e incluso más. Para esa canción hicimos tantos añadidos en esas 16 pistas, seguíamos añadiendo más y más tomas, que la cinta se volvió transparente porque ya no podía aguantar más grabaciones. Creo que además se rompió en dos partes.

Requirió *mucho* trabajo. Lo tenía todo en mi cabeza e hice que Roger, Brian y John grabasen pasajes en los que decían: «¿Qué demonios está ocurriendo aquí?». Cosas de un solo acorde y luego un silencio, y entonces decían: «¡Esto es ridículo!». Pero tenía muy claro en mi cabeza lo que estaba haciendo en cada fragmento. Necesitamos una eternidad para grabarlo.

Ahora voy a echar por tierra algunas ilusiones. Fue uno de esos temas que compuse para el álbum, como parte del proceso de composición de mi lote de canciones. Cuando era sólo un esbozo, estuve a punto de desecharla, pero entonces empezó a crecer.

Fue tan sólo una fase por la que estábamos pasando entonces. Creo que hubo una buena coordinación y algo de suerte. Fue la época de *A Night At The Opera* [1975] y componíamos como locos. Estábamos hambrientos, queríamos dar un paso adelante, había una voracidad y una lucha constantes, lo que era muy sano. Teníamos muchas cosas que queríamos sacar a la luz. Sí, en ese disco tiramos la casa por la ventana, aunque de hecho ha ocurrido lo mismo en la mayoría de nuestros discos. En ciertos aspectos, siempre pensamos que queremos tirar la casa por la ventana. Si algo merece la pena hacerse, ¡entonces vale la pena pasarse de la raya!

Mucha gente criticó con dureza «Bohemian Rhapsody», pero ¿con qué puedes compararlo? Dime un grupo que haya hecho un single operístico. Yo no conozco a nadie. Pero no hicimos un disco operístico porque pensáramos que seríamos el único grupo en hacerlo, sencillamente sucedió así.

«Rhapsody» era de una época, era producto de su época. Entonces era el momento adecuado para ese tema. Para ser sinceros, si lo lanzáramos hoy no creo que hubiese tenido tanto éxito. No soy modesto; entonces el ambiente era el más adecuado para ese tipo de grabación majestuosa. Sencillamente creo que si no se hubiera compuesto y yo estuviera sentado hoy aquí, ahora no la escribiría debido a mi conciencia de lo que se está cociendo hoy en día. Ésa es la razón por la que también escribo cosas como «Body Language» [1982]. No considero que «Body Language» esté por delante de «Rhapsody», ya sabes lo que quiero decir. Sólo creo que es igual de buena, pero de un modo diferente.

Si la gente piensa que debido a ese enorme éxito de repente voy a volver a esa época y repetir otra vez la jugada de «Bohemian Rhapsody», están equivocados. De ninguna manera voy ha hacerlo. Has de seguir ofreciendo cosas nuevas, estar a la altura de las circunstancias. Y si no puedes estar a la altura cuando sea necesario, entonces déjalo correr. No puedes vivir de tu pasado, y yo no puedo vivir siempre de «Bohemian Rhapsody».

Nos planteamos nuestro producto como *canciones*, no nos preocupamos por los singles o los álbumes. Nos limitamos a escoger lo mejor de la cosecha. Lo consideramos como un todo y nos aseguramos de que el álbum funciona como una unidad. Con «Bohemian Rhapsody», simplemente, pensamos que se trataba de un tema muy potente, así que lo publicamos. Pero hubo muchas discusiones al respecto. Alguien sugirió acortarlo porque los medios de comunicación consideraban que teníamos que publicar un single de tres minutos, pero no tiene sentido acortar la canción, simplemente no funciona. Sólo queríamos publicarlo para decir que esto es lo que hace Queen en este momento. Éste es nuestro single, y después vais a tener un álbum.

La elección del single siempre es muy difícil. No existe eso de un *hit* con un éxito garantizado. Diría que algo como «Rhapsody» fue un riesgo enorme, y funcionó. Empezamos a decidir cuál sería el single a mitad del proceso de grabación del disco *A Night At The Opera*. Había varios candidatos. En un momento dado pensamos en «The Prophet's Song», pero luego pareció que «Rhapsody» iba a ser la elegida.

Tenía un gran componente de riesgo. Al principio, a la gente de las emisoras de radio no les gustaba porque era demasiado larga, y las compañías discográficas decían que no podían promocionarla de esa manera. Después de haber juntado virtualmente esas tres canciones, querían que volviera a separarlas de nuevo. ¿Te lo puedes creer? La duración de seis minutos significaba que las radios se negarían a ponerla. La gente decía: «¡Estáis locos! Nunca os la van a poner. Sólo sonarán los primeros compases y luego irán bajando el volumen». Tuvimos varias broncas. Los de EMI estaban asustados... «¿Un single de seis minutos?, ¡debéis estar de broma!», dijeron. Pero funcionó, y estoy muy contento.

Se habló mucho de acortar el tema para que tuviera una duración razonable de cara a que lo radiaran, pero estábamos convencidos de que sería un gran éxito en su totalidad. Nos hemos visto obligados a hacer concesiones antes, pero acortar una canción nunca va a ser una de ellas. ¿Por qué vamos a hacerlo si va a ser en detrimento de la canción? Querían cortarla a tres minutos pero dije: «¡Ni hablar! O aparece entera, o no aparece en absoluto. ¡O se queda tal como está, o lo dejamos correr!». O bien iba a ser un fracaso, o la gente iba a escucharla y comprarla y sería un gran éxito. Afortunadamente se convirtió en un gran éxito.

Es un consenso entre nosotros cuatro. Tenemos que resolverlo entre nosotros. Tomamos la decisión correcta con «Bohemian Rhapsody», pero tampoco digo que siempre acertáramos, porque no es cierto. Podría haber sucedido exactamente lo contrario, queridos.

Era una canción potente y fue un éxito gigantesco en el continente. Fue realmente cuando el volcán entró en erupción, ¡cuando todo explotó! Ese single vendió más de 1.250.000 copias tan sólo en Gran Bretaña, lo que es [una cifra] exorbitante. ¡Imagínate a todas esas abuelas disfrutando de lo lindo!

Siempre hay implicado un factor de riesgo, y así es cómo me gusta. Eso es lo que da como resultado una buena música. Siempre hemos corrido riesgos. Y ésa es una manera de demostrar a la gente que creemos tener confianza en una canción, que creemos en ella. En el fondo, pensaba que si «Rhapsody» tenía éxito, conseguiríamos mucho respeto. Era una canción radical y pensaba que su éxito o fracaso también iba a ser radical. Sin lugar a dudas nos allanó el camino, y nos abrió un mercado mucho más amplio. De hecho, creo que nuestra música se está volviendo cada vez más versátil, por lo que ahora podemos gustar a un amplio abanico de público. Y la gente que ha venido a vernos en directo tiene edades muy diversas.

Siempre nos la hemos jugado. Ya lo hicimos con *Queen II* en 1974. En ese álbum hicimos tantas cosas estrafalarias que la gente empezó a decir que era «una mierda autoindulgente, demasiadas voces, demasiado de todo». Pero así es Queen. Después de «Bohemian Rhapsody», la gente pareció darse cuenta de que Queen iban de ese palo. ¡Al final lo pillaron!

La gente parece considerar esa canción como nuestra cumbre, porque simplemente piensa en términos de: «¿Y cómo van a superar eso los Queen?». Pero la gente sólo lo ve en términos de ventas. Sí, ésa es una manera de verlo, pero en lo que a mí respecta, en términos de composición de canciones y de técnicas de estudio, hemos mejorado mucho.

La gente continúa preguntándome de qué va «Bohemian Rhapsody», y yo digo que no lo sé. Creo que perdería el encanto y arruinaría una especie de mística que la gente ha construido. «Rhapsody» es una de esas canciones que tiene un aire de fantasía. Creo que la gente debería limitarse a escucharla, pensar en ella, y luego decidir por sí misma lo que significa.

De hecho, odio intentar analizar a conciencia mis canciones. Nunca me deberían preguntar por las letras. La gente pregunta: «¿Por qué escribiste tal o cual letra y qué significa?». No me gusta explicar en qué estaba pensando cuando compuse una canción. Creo que es horroroso. No se trata sólo de eso.

No me gusta analizarlas. Prefiero que la gente haga sus propias interpretaciones de las letras a su manera. Yo me limito a cantar las canciones. Las escribo, las grabo y las produzco, y depende del comprador interpretarlas como le guste. No depende de nosotros ofrecer un producto y etiquetarlo. Sería muy aburrido si lo explicáramos todo y todo el mundo supiera exactamente siempre de qué van las canciones. Me gusta que la gente ponga algo de su parte. Creo que si tuviera que analizar cada palabra, sería muy aburrido para los oyentes y seguramente echaría por tierra algunas ilusiones.

Creo que esa canción es una especie de hito o algo parecido para nosotros. Así es cómo lo veo. De repente nos abrió una nueva dimensión. Así que pensé, ¿y por qué no vamos a adentrarnos en ella? ¡Adelante! De repente te mueves a un ritmo mucho más rápido. A veces te acabas moviendo con demasiada velocidad, y creo te pierdes algo que de hecho tú mismo has creado.

Naturalmente que estoy orgulloso de «Bohemian Rhapsody» en cierto sentido. Estoy orgulloso de muchas cosas. De lo que más orgulloso estoy es del hecho de seguir en esto después de todo este tiempo. ¡Eso es lo máximo, sinceramente!

5. Una sensación increíble

Cuando era pequeño, en el coro en la India, me encantaba cantar. No lo consideraba como una profesión, nunca pensé en esos términos. Luego me di cuenta de que de hecho podía componer canciones y hacer mi propia música. Caí en la cuenta de que podía hacerlo a mi manera. De repente tuve algo de éxito y me gustó.

No tengo ninguna norma a la hora de escribir una canción. Es algo caótico. Algunas canciones surgen con más rapidez que otras. Nunca me siento al piano y digo: «Muy bien, ahora tengo que escribir una canción». No. Pruebo algunas cosas, saco algunas ideas en claro y luego empiezo. Es difícil de explicar, pero siempre hay varias ideas que me pasan por la cabeza. Algunas cosas salen perfiladas, pero otras las tengo que trabajar. Suena presuntuoso, pero algo como «Killer Queen» me salió en un solo día. Todo encajaba, como ocurre con algunas canciones. Garabateé la letra a oscuras un sábado por la noche, y a la mañana siguiente la repasé y estuve trabajando todo el domingo, y eso fue todo: ya la tenía. Sin embargo, otras canciones me suponen realmente más trabajo para que me salgan las letras. «The March Of The Black Queen» [1974], por ejemplo, de nuestro segundo álbum, fue una canción que me llevó una eternidad acabarla. Quería darle lo mejor, ser autocomplaciente.

Soy famoso por garabatear letras en mitad de la noche sin ni siquiera encender la luz. Me gusta pensar que escribo canciones de muchas maneras diversas, dependiendo de mi estado de ánimo. «Crazy Little Thing Called Love» [1979] la escribí en la bañera. La escribí en unos cinco o diez minutos. En el estudio la toqué con la guitarra, la cual tampoco toco como para volverse loco, y en cierto modo fue algo positivo porque estaba limitado, ya que sólo me sé algunos acordes. Es una buena disciplina porque, sencillamente, *tenía* que componer dentro de un marco muy limitado. No podía contar con muchos acordes debido a esa limitación, y como resultado compuse una buena canción, creo. Si supiera demasiados acordes de guitarra quizá la hubiera estropeado.

Siempre estoy pensando en las nuevas canciones que estoy componiendo. No puedo dejar de componer nuevas canciones. Tengo muchas ideas hirviendo en mi cabeza. Me vienen de manera instintiva. Sencillamente, me encanta componer pequeñas melodías agradables y pegadizas. Se trata de algo que tengo que seguir haciendo, pero que también disfruto al hacerlo. Es una especie de pasatiempo entretenido. Al final resulta tan gratificante que quieres seguir haciéndolo y explorar aspectos diferentes para ver cómo saldrán. Es como pintar un cuadro. Has de alejarte un poco para ver qué aspecto tiene.

En cuanto a las letras, son muy difíciles. Considero que son una tarea dura. Mi punto fuerte es el contenido melódico. Primero me concentro en eso, luego, en la estructura de la canción, y al final viene la letra. La estructura de la melodía me viene con facilidad, es el contenido de las letras lo que me resulta difícil. Tengo que trabajar en ese aspecto. A veces creo que mis melodías son mucho más potentes que mis letras, y que las letras rebajan su calidad. Creo que a menudo mis melodías son superiores a las letras. Odio escribir letras. Ojalá pudiera hacerlo alguien más. Ojalá tuviera a un Bernie Taupin.[5] Pero, en realidad, no soy así, me gusta hacerlo todo yo mismo. Soy una zorra avariciosa.

Cuando estoy escribiendo canciones necesito estar completamente solo, cerrado a cal y canto. Tengo que estar, absolutamente, solo para poder concentrarme. Cuando escribo una canción me siento poderoso con respecto al contenido. Si funciona, funciona. Cuando no pienso en ello es cuando mejor me sale. Me gusta que me salga una canción rápidamente, así suena

5. Bernie Taupin: letrista inglés que ha colaborado con Elton John en multitud de discos. *(N. del T.)*

fresca, y luego puedes trabajar en ella más tarde. Odio intentar componer una canción si no surge con facilidad. O bien sale rápidamente y ya la tienes, y digo, «sí, aquí tenemos una canción», o si no sucede, normalmente me limito a decir, «mira, mejor lo olvidamos».

Compongo una canción tal y como la siento, y siempre tengo ganas de aprender. Es mucho más interesante componer diferentes tipos de canciones que repetir la misma fórmula. Suelo componer canciones en las que no suelo pensar demasiado en ese momento, pero que, de alguna manera, me atrapan después; no sé si sabes lo que quiero decir. Así que intuyo si la canción me gusta sin saberlo, es algo un tanto subconsciente. Creo que la mayoría de la gente compone canciones que lleva dentro. Yo no soy uno de esos compositores que está al tanto de las modas y dice: «De acuerdo, esto está de moda hoy, vamos a escribir una canción sobre eso». Sencillamente, me gusta hacer cosas diferentes y no repetirme. No me gusta estar en una misma situación durante mucho tiempo, por lo que eso se refleja en mis canciones y en mis letras. Me gusta probarlo todo una vez y no me asustan las dificultades. Me encantan los retos y me gusta hacer cosas que se salen de lo común. No me asusta decir lo que pienso ni hablar de ciertas cosas en mis canciones, porque creo que al final sales ganando siendo natural.

No me estoy echando flores, pero a veces me salen como si nada. Si me concentro me salen canciones con facilidad. Creo que con más rapidez que a los demás. La gente me pregunta: «¿Eres un compositor prolífico?». ¡Hago una docena de canciones al día, queridos!

Si las pones todas en el mismo *saco*, creo que a mis canciones se les puede poner la etiqueta de *emoción*. Todo tiene que ver con el amor, la emoción, los sentimientos y los estados de ánimo. La mayoría de las canciones que escribo son baladas de amor y cosas que tienen que ver con la tristeza, el padecimiento y el dolor, pero al mismo tiempo tienen algo frívolo e irónico. Supongo que, básicamente, así es mi naturaleza. Sólo soy un auténtico romántico y aunque creo que todo el mundo ha escrito canciones en ese campo, yo las escribo a mi manera, con una textura diferente. Básicamente, no escribo nada nuevo, no estoy aquí sentado intentando decir: «¡Mira, he escrito una canción que nunca nadie ha escrito antes!». No. Pero lo hago desde *mi* punto de vista.

Mucha gente se ha enamorado y mucha gente se ha desenamorado, y la gente sigue haciéndolo, así que continúo escribiendo canciones sobre eso, en contextos diferentes. Creo que el amor y la falta de amor siempre van a estar ahí, y existen multitud de maneras diferentes en que la gente se enamora y rompe. Supongo que la mayoría de mis canciones siguen por ese camino, y en mi opinión cantar y escribir sobre el amor de hecho es algo que carece de límites. Creo que escribo sobre cosas por las que la gente pasa cada día. Siento que yo también he pasado por todas esas cosas, así que básicamente investigo y recojo esa información para incluirla en mis canciones. Soy un auténtico romántico, como Rodolfo Valentino. Me gusta escribir canciones románticas sobre el amor porque es un tema muy amplio y, además, tiene que ver mucho conmigo. Ya lo he hecho desde los primeros tiempos, desde el segundo álbum, y creo que siempre escribiré sobre esas cosas porque forman parte de mí. Me gusta escribir todo tipo de canciones diferentes, pero las románticas siempre estarán ahí. No puedo evitarlo, es algo automático. Me encantaría escribir canciones sobre algo totalmente diferente, pero todas ellas parecen acabar de una manera emocional y trágica. No sé por qué. Pero al final también sigue habiendo un elemento de humor. Así que básicamente de eso tratan mis canciones.

De hecho, es bastante divertido; mis letras y mis canciones son fundamentalmente fantasías. Me las invento. No son historias cotidianas, en realidad tienen un elemento fantástico. No soy uno de esos compositores que salen a la calle y de repente se sienten inspirados por una visión, y tampoco soy una de esas personas que quiere salir de safari para conseguir la inspiración de la fauna salvaje que me rodea, o subir a lo más alto de las montañas y cosas por el estilo. No, me inspiro simplemente sentado en la bañera. Soy una de *esas* personas. No necesito estar en la selva para inspirarme. No soy el tipo de persona que, en general, se siente inspirada por una escena en particular, o por el arte como tal, aunque hay un ejemplo en *Queen II*, con

La madre, Jer, muestra con orgullo a su bebé de siete meses, Farrokh, más tarde Freddie, en el jardín de la casa familiar en Zanzíbar. Eran tiempos felices para la familia. Mientras el padre de Freddie, Bomi, trabajaba como cajero en el Tribunal Supremo de Zanzíbar, el joven Farrokh siempre parecía estar sonriendo, como puede apreciarse en esta imagen. Jer, la madre de Freddie, recuerda que de niño le encantaba posar para la cámara.

De nuevo esa inconfundible sonrisa. Freddie, en el centro de la fila, junto a The Hectics (su primer grupo, en el internado de St. Peter, en Panchgani), con el peinado y los pantalones de vestir que no anunciaban la provocativa ropa que llevaría en el escenario y que sería su sello personal como intérprete en años posteriores.

Con su banda Ibex, Freddie hizo su primera actuación en directo en el Queen's Park de Boston, el 24 de agosto de 1969, donde se tomó esta fotografía. Fue también durante este período cuando se cambió el nombre por el de Mercury. Originalmente se pensó que Freddie se llamó así por el mensajero de los dioses de la mitología romana, pero más tarde esta idea fue corregida por su familia, quien insistió en que escogió este nombre debido a que Mercurio era su planeta ascendente.

Con diversos coetáneos en el Ealing Art College, entre los que estaban Pete Townshend y Ronnie Wood, no es sorprendente que Freddie se sintiera tan fascinado por las posibilidades de la música como carrera profesional. En su último año en la facultad, formó su primer grupo serio, Ibex. Aquí se le ve relajado con miembros del grupo en un apartamento en West Kensington, Londres.

Sobre el escenario, con Queen, en 1975. Como sabrá cualquier persona que haya vivido la experiencia de un concierto de Queen, el poder y la presencia de Freddie en ese contexto eran verdaderamente asombrosos, algo sin igual. Esta imagen capta a un Freddie ya muy seguro de sí mismo y con un dominio total sobre su entregado público..., como fue siempre.

Esta estupenda imagen la captó Brian May en Ridge Farm, en 1975, mientras Queen estaban grabando su cuarto álbum, *A Night At The Opera*. Puede incluso que aquí Freddie estuviera trabajando en su obra maestra operística, «Bohemian Rhapsody» (o *Rhapsody*, como a menudo se refería a ella). Brian May recuerda: «Ésta es una de mis fotografías preferidas de Freddie, relajado, con una camiseta Biba, creando a una velocidad de espanto mientras estábamos componiendo y grabando, haciendo juntos este álbum».

Todo el mundo tiene una etapa preferida en la carrera de Queen, y *A Night At The Opera*, de 1975, el LP que contenía «Bohemian Rhapsody» y «You're My Best Friend», es la favorita de muchos fans. Este retrato de una sesión de fotos de esa época capta a Freddie durante uno de los períodos más creativos, prolíficos y excitantes de su vida.

Queen titularon su quinto álbum *Live Killers* por varias buenas razones. La espectacular imagen de arriba fue tomada durante la gira norteamericana de *Jazz*, en 1978, pero este mismo equipo de luces apareció en la gira europea de 1979, de donde salió el álbum, y capta la colosal energía que emanaba del escenario. El poder total y la enormidad del sonido, con Freddie en medio de todo, «utilizando cualquier estratagema» para animar a la multitud, era una experiencia totalmente abrumadora e inolvidable.

«Hace diez años, sólo sabía tocar unos tres acordes con la guitarra, ¡y ahora, en 1982, aún sólo me sé tres acordes con la guitarra!» Ésta era la introducción de «Crazy Little Thing Called Love» en el concierto de Queen en el Milton Keynes Bowl, en junio de 1982, la época de donde está sacada esta foto. Fue con esa canción la única vez que Freddie tocó la guitarra en directo.

Junto a Michael Jackson en los camerinos en un
concierto de Queen, en 1980.

la canción «The Fairy Feller's Masterstroke», en la que *sí* me inspiré por un cuadro que vi. Eso es algo muy, muy raro en mí. Hablando de tener pretensiones artísticas, o lo que sea, a menudo voy a galerías de arte, y este cuadro de Richard Dadd, que era un artista victoriano que me gusta, lo vi en la Tate Gallery. Me inspiró muchísimo. Investigué mucho sobre ese cuadro y lo que intenté hacer fue poner en palabras mi propio tipo de rima, pero utilizando su texto, como tal, para representar el cuadro, lo que yo pensé que vi en él.

La inspiración surge de todas partes. Surge cuando menos me lo espero y causa estragos en mi vida sexual. Algunas de mis canciones incluso han surgido estando en la cama. Pero entonces tengo que escribirlas allí mismo o de lo contrario a la mañana siguiente las he olvidado. Una noche, cuando Mary [Austin] y yo vivíamos juntos, me desperté en mitad de la noche y no se me iba una canción de la cabeza. Tenía que sentarme y escribirla, así que me levanté y arrastré el piano al lado de la cama para tener el teclado al alcance. Eso no duró mucho tiempo, ya que ella no lo aguantaba. Y no puedo decir que eso me sorprenda.

Hay muchas cosas que te influyen a la hora de hacer música, ¿sabes? Casi todo lo que te rodea. En mi caso, puede ser que vaya a alguna parte y tenga una idea, y la guardo en la cabeza, pero básicamente me siento al piano y empiezo a juguetear con él. Quizá me vengan algunas ideas e intento recordarlas, y luego vuelvo a ellas más tarde e intento juntarlas. A veces, simplemente, me siento al piano y de repente surge una idea y luego intento desarrollar esa canción. O quizá a veces me obligo a mí mismo a sacar ideas en una dirección determinada o las dejo reposar y vuelvo a ellas un mes más tarde y de repente parece que toman forma. Pero no existe una gran inspiración como tal. Todas las canciones son diferentes. Para algunas personas puede ser un tanto decepcionante, porque captan el contenido fantasioso y piensan: «¡Caramba!, me pregunto en qué se ha inspirado». Seguramente tendrán una gran visión en mente. Pero no hay ningún formato estricto al que me agarre. Siento decepcionaros.

Todos tenemos nuestras propias ideas sobre cómo debería ser una canción, porque una canción se puede hacer de muchas maneras diferentes, dependiendo de quién la haga. A veces puedes apreciar algo más en las canciones de los demás. De vez en cuando nos ayudamos mutuamente, por lo que eso requiere mucho tiempo. Actualmente, la mayoría de las canciones las desarrollamos en el estudio, mientras que antes solíamos tener lo que llamábamos un tiempo de «rutina». Ahora ya no hay tiempo para nada, así que nos limitamos a reservar tiempo en el estudio y nos metemos allí. A veces nos lleva su tiempo, porque gastamos horas de estudio componiendo canciones cuando deberíamos estar grabando.

Ahora tengo una manera de componer diferente. Antes, solía sentarme al piano y realmente me dejaba la piel para tener todos los acordes y toda la estructura antes de convertir una idea en una canción. Ahora lo enfoco de otra manera. Últimamente he compuesto canciones de manera improvisada. De hecho, entro en el estudio sin estar en absoluto preparado y pienso: «¡Oh! ¿Qué voy a hacer esta vez?». Y de repente surge una idea básica y pienso: «Vamos a hacerlo». Puede que sea algo totalmente atroz, puede que sea algo extremo, o puede que sólo haya uno o cuatro compases que piense que estén bien, y me agarro a eso. O, simplemente, lo dejo así y más tarde lo recupero y trabajo en ello.

Compongo con el piano, aunque también puedo componer en mi cabeza. Escribo la canción teniendo como eje la melodía la mayoría de las veces, aunque a veces es una letra la que me hace arrancar. «Life Is Real» [1982] era una de ésas, porque las palabras en esa ocasión surgieron primero. Realmente me metí de lleno; páginas y más páginas, con todo tipo de palabras. Luego me limité a darle forma de canción. Pensé que podría ser una canción en plan Lennon. Esa canción es una oda a John Lennon, de una manera parcial. Muy rara vez me salen primero las letras, pero tenía este modelo de ideas líricas y quería darle una especie de aire surrealista. Me salieron en Houston, lo creas o no, cuando tenía algunos días libres durante mi estancia en México, en la gira de Queen. Pensé: «¿Y por qué no? Puedo hacerlo. Soy un músico». Escuchando muchas canciones de John Lennon pensé que podría intentar crear un tipo de atmósfera similar al que él consiguió. Por eso me esforcé en conseguir ese tipo de sonido oriental de violín —una especie de sensación como de lloriqueo—, lo cual me encantó hacer. Intenté transmitir un tipo de letra surrealista, lo que para mí era John Lennon. Era alguien realmente fuera de lo común, creo, y un genio absoluto. Incluso en los primeros tiempos de los Beatles, siempre preferí lo que hacía John Lennon. No sé por qué. Simplemente tenía esa magia.

No quiero cambiar el mundo con nuestra música. Nuestras canciones no esconden mensajes ocultos, excepto quizá algunas canciones de Brian. Mis canciones son como maquinillas de afeitar Bic; son para entretenerse, para el consumo moderno. La gente puede deshacerse de ellas después como pañuelos usados. Pueden escuchar una canción, gustarles, deshacerse de ella y luego pasar a la siguiente. Pop desechable.

No me gusta escribir canciones con mensaje porque no me siento motivado políticamente, como John Lennon o Stevie Wonder. En mi mente también hay espacio para la política, sí, pero la rechazo porque somos músicos. No quiero ser político y no creo que tenga el talento como para escribir mensajes profundos. La música es muy libre. Simplemente depende de quién seas. Seguro que John Lennon puede hacerlo, pero yo no. Mis canciones son como canciones de amor comerciales y me gusta meter mi talento emocional en ellas. No quiero cambiar el mundo o hablar de la paz, porque no me siento motivado de esa manera. La política no es lo mío en absoluto. Acabaría arruinando un país. ¿Te lo puedes imaginar? ¡Cantaría todos mis discursos!

En lo que a mí respecta, escribo canciones que creo que son, básicamente, *forraje*. Ya lo he dicho antes. Las canciones son como comprarte un traje nuevo o una camisa; simplemente, lo llevas y luego te deshaces de ello. Sí, siempre permanecerán algunos clásicos, pero en lo que a mí respecta lo que he escrito en el pasado está acabado. De acuerdo, si escucho alguna canción en la radio o la gente me habla de ella, creo que es fantástico, pero yo pienso en lo que me van a decir de mi nuevo material. Escribo las canciones y luego las dejo. Si me pidieras que tocara ahora al piano algunas de mis viejas canciones, no podría. Las he olvidado. Me las aprendí para un momento concreto. Antes de tocarlas otra vez necesito un día para sacar todos los acordes... de mis propias canciones. Las olvido con mucha facilidad. Por ejemplo, «Love Of My Life» está adaptada para guitarra en los conciertos, pero fue compuesta con el piano. Me he olvidado completamente de la versión original, y si me pidieras que la tocara ahora, no podría.

Creo que nuestra música es puro escapismo, como ir a ver una buena película. Es para gente que pueda meterse dentro, escucharla, olvidar sus problemas durante un rato, disfrutar dos horas, y eso es todo. Salen de nuevo y regresan a sus problemas, y vuelven a por más la próxima vez. Realmente debería ser así. Eso es lo que debería ser el espectáculo y el entretenimiento. No quiero meterme en aspectos políticos. No tenemos mensajes políticos ocultos en nuestras canciones, nosotros no somos así. Somos un grupo internacional y nos gusta tocar para todo tipo de públicos, donde sea. No vamos a lugares diferentes por razones políticas. Sólo somos una banda inglesa de rock'n'roll que toca música para todo el mundo.

Mi música no está encasillada en ninguna categoría en concreto. No quiero que mis canciones las escuchen sólo una elite inteligente, quiero que las escuche todo el mundo porque *son* para todo el mundo. Es un lenguaje internacional. No escribo música sólo para los japoneses o sólo para los alemanes, es para todos los oídos. La música no tiene límites. Me gustaría que todo el mundo escuchara mi música. No soy un elitista.

No estoy aquí para anunciar: «¡Cambia tu vida con una canción de Queen!». No puedo levantarme por la mañana y decir que voy a escribir una canción de «paz», eso no estaría bien porque de hecho has de creer en ese tipo de cosas. No estoy diciendo que no crea en la paz, simplemente que no creo que personalmente sea capaz de escribir mensajes de paz. No quiero meterme en ese terreno. Prefiero escribir canciones sobre lo que siento, y tengo fuertes sentimientos sobre el amor y las emociones.

Los «John Lennons» de este mundo son escasos y están distanciados. Algunas personas pueden hacer canciones con mensaje, pero son escasas. Lennon era una de ellas. Debido a su prestigio podía hacer ese tipo de discursos e influir en los pensamientos de la gente. Pero para hacer eso has de tener cierta cantidad de intelecto y magia juntos. Las personas con un mero talento, como yo, no poseen esa habilidad o poder. Puedes estar seguro de que John Lennon y Stevie Wonder estaban convencidos cuando escribieron una canción sobre la paz, porque vivieron como corresponde, pero yo no soy de esa manera. Para mí, escribir un mensaje pacifista no sería correcto y la gente no sería capaz de sentirse afín a eso: que yo escribiera de repente sobre la paz y sobre salvar el mundo. Tienes que experimentar una cierta cantidad de vivencias para que la gente sepa que tú crees en lo que escribes, y en lo que a mí respecta espero que la gente crea que, en términos de amor, he experimentado el tormento y el dolor. Creo que ése es mi don natural, así que eso es todo lo que quiero transmitir en mis canciones.

Sinceramente, nunca me compararía con John Lennon de ninguna manera, porque, en mi opinión, fue el más grande. No es una cuestión de tener menos talento, sólo que algunas personas son capaces de hacer ciertas cosas mejor que nadie, y yo pienso que no estoy tan dotado para hacer las cosas que hizo Lennon. No creo que sea algo que debiera hacer la gente, porque Lennon era único, especial, y así son las cosas. Admiro mucho a John Lennon, pero no quiero ir más allá. Sólo quiero transmitir lo que siento en mis canciones de la mejor manera que pueda.

Cuando me enteré de que Lennon había muerto, me quedé conmocionado y estupefacto. ¿Qué puedes hacer? No podía hablar, sinceramente. Era algo que piensas que siempre podría ocurrir, a otra personas, o a ti, o a quien sea, y entonces le ocurre a alguien, y era John Lennon. Me sentí conmocionado e incrédulo.

Cuando John murió y yo compuse esa canción como tributo, era algo directo de mí para él, y no hay comparación posible con nada de lo que él hizo, ni de lo que yo hice. Era sólo un pequeño regalo, ¿sabes? Por su muerte. «Life Is Real» no era una canción con mensaje, era sólo una canción de tributo a este hombre, lo cual es completamente diferente a lo que John estuvo haciendo.

Si me presionaran, *podría* escribir una canción con mensaje. No voy a decir que no haya escrito nunca una canción con mensaje, pero no del tipo de las que escribió John Lennon. Por ejemplo, escribí una canción titulada «We Are The Champions», que es una especie de himno con mensaje, pero no habla de la paz mundial. Va en una dirección diferente.

Una vez dicho esto, en mi disco en solitario, *Mr. Bad Guy* [1985], escribí una canción titulada «There Must Be More To Life Than This», que probablemente sea la canción que más se acerca a una canción con mensaje, aunque, de hecho, ni siquiera tenga un mensaje como tal. Es lo que más se acerca a lo que quiero hacer en términos de política mundial o los desastres que están ocurriendo en el mundo. Realmente no me gusta escribir canciones de ese tipo, pero hay momentos en los que mis emociones van en esa dirección, y eso es tan sólo una parte muy pequeña de lo que, de hecho, hizo John Lennon. Soy muy modesto, pero muy sincero.

Odio intentar analizar mis canciones a fondo. Nunca deberían pedírmelo. Mis letras las dejo básicamente a la interpretación de la gente. Diré lo que pueda sobre ciertas canciones que he escrito, pero al final no me gusta desmenuzar una canción, porque ni siquiera yo mismo analizo las canciones, me limito a cantarlas. Las escribo, las grabo y las produzco, y luego depende del comprador tomárselas como él o ella quiera, de lo contrario arruino cualquier especie de mística que pueda representar ese tema. Odio hacer eso.

La gente pregunta: «¿Por qué escribiste esa letra y qué significa?». No me gusta explicar en qué estaba pensando cuando escribí la canción. ¿Significa esto? ¿Significa aquello? Es todo lo que la gente quiere saber. ¡Que se jodan, queridos! No diré más de lo que te diría cualquier poeta decente si te atrevieras a pedirle que analizara su obra. Si veis eso, queridos, entonces allí está, *vosotros* sois los que interpretáis las letras de la manera en que *vosotros* queráis. No existe ningún gran mensaje. Intento evocar algo y meterlo en una canción, y luego espero que la gente interprete lo que quiera, lo cual creo que es algo bueno. Eso es lo que a mí me gusta sentir cuando escucho el disco de otra persona.

Me gusta que la gente haga su propia interpretación de mis canciones. En realidad no son más que pequeñas historias de hadas. He olvidado de qué trataban. Es sólo ficción, fantasías. Sé que es un poco como escaquearse, pero yo lo veo así. Es tan sólo producto de mi imaginación. Creo que si tuviera que analizar cada palabra, sería muy aburrido para los oyentes y creo que además echaría por tierra algunas ilusiones.

Mucha gente es creativa, a su manera. No tiene que ser sólo en el terreno de la música. Eso también forma parte del talento, ¿sabéis, queridos? Siempre he mantenido que no puedes simplemente estar sentado en casa y decir: «Mira, soy tan maravilloso, soy tan creativo que, sencillamente, voy a esperar». No. Tienes que salir ahí afuera, agarrarlo, utilizarlo y hacer que funcione. Eso *forma* parte del talento. Tener talento es una cosa, pero utilizarlo para alimentar a las masas, eso es otro componente del talento. Van de la mano. Supongo que se le denomina Venta Agresiva. Realmente has de vender tu culo. Has de salir allí y tirarte a su yugular y decir: «¡Aquí estoy! ¡Soy creativo! ¡Soy maravilloso! Esto... ¡OS LO VAIS A COMER». Tienes que hacer eso. Si hay otras maneras de hacerlo, entonces, Dios mío, ya me las dirás.

¿Aún es posible componer canciones buenas y originales? ¡Oh, demonios, supongo que debería pensar que sí! Debería esperarlo. Oh, sí. No importa lo genial que sea la competencia, ya que seguirá habiendo sitio para la originalidad y las buenas canciones. Por supuesto. Creo que nunca habrá un fin para la buena escritura de canciones. Siempre habrá buenos compositores y gente que escriba buenas canciones, depende de cómo los acepten los medios de comunicación. Creo que sigue habiendo sitio para ellos, pero cada vez es más difícil. Continúa habiendo sitio para la originalidad y el material bueno, sí. Hay mucho espacio para los clásicos, y yo intento hacerlo lo mejor posible.

No puedes seguir siempre escribiendo y esforzándome en sacar ideas totalmente diferentes, porque puedes acabar neurótico. Siempre lo tienes metido en la cabeza. Escribo algo y pienso: «¡Oh! Esto suena parecido a esa canción». Pero ésa no es la manera correcta de enfocarlo, aunque la tengas. Mirémoslo, por ejemplo, desde el punto de vista de las armonías vocales; las hemos hecho del revés, de todas las maneras posibles, y ya no quedan muchas, así que cada vez se hace más difícil seguir siendo original todo el tiempo, pero seguimos esforzándonos en eso constantemente.

Sé que, en lo que a componer canciones se refiere, hay gente que se queda en blanco. Conozco gente a la que le ha ocurrido. A veces pienso en eso. Creo que quizá llegará un día en que no sea capaz de componer tan bien como lo hago ahora, pero no ha ocurrido todavía, así que, ¿qué puedo hacer? Quiero escribir mejores canciones. Es mi profesión, es mi proyecto de vida. No me despierto cada mañana pensando: «Oh, ¿me he quedado seco?». Por el momento... he sido bastante prolífico. Y, ¿sabes? *Él* cuida de mí, así que estoy bien. Eso no me preocupa. Sencillamente es algo en lo que no pienso. *Otra* gente sí que piensa en eso. Cuando suceda, me enfrentaré a eso. Pero no sucederá. Eso es todo. No creo que vaya a suceder nunca. Antes me moriré.

Una de las cosas que quiero hacer es intentar escribir un musical. Creo que ha llegado el momento. En términos de proyectos en solitario, hice un disco, *Mr. Bad Guy*, en 1985, y el proyecto con Montserrat Caballé, en 1988, pero ahora quiero que sea algo más que un álbum, así que voy a intentar hacer un musical. Sé que necesitaré algún tiempo, pero sería mi proyecto en solitario, por lo que me puedo implicar en el texto y en todo el montaje. Puedo escribir canciones que puedan cantarse siguiendo la historia, en vez de limitarme a ver una película y luego escribir una canción que encaje en ella después. Así que va a ser un gran proyecto y en estos momentos estoy pensando mucho en él.

Además de hecho tengo en mente que se haga una película sobre la historia de mi vida un día, en la que yo mismo tendría un papel clave. Pero no tendría que interpretar el papel principal y hacer de mí mismo. Queridos míos, las cosas que he hecho en mi vida... ¡Calificarían la película con tres X, te lo aseguro!

No hay manera de saber si alguien escribe una canción mejor que tú, porque al final depende del público. La única manera de saber si es buena es si la gente la recibe bien.

No sabes lo que significa escribir una canción que la gente aprecia y oír decir que se trata de una buena canción. ¡Es una sensación maravillosa!

Si mi música hace feliz a la gente, eso es algo maravilloso. Eso me hace muy feliz. Si parte de mi música, aunque sea mínima, conecta con la gente, entonces me parece bien. Y si la gente la odia... ¡A la mierda! Pueden ir a comprarse el disco de otro. No voy a perder el sueño ni a entrar en cólera si alguien dice: «¡Oh, Dios mío, eso es terrible!». Ya tengo una edad, queridos.

5.1 Componer y grabar con Queen

La lucha por las canciones de Queen ha sido uno de los factores que merece la pena. A veces pienso que es una cuestión de que quien lucha durante más tiempo acaba ganando.

Básicamente, volvemos a casa después de una gira y sabemos que en un par de meses será el momento de grabar otra vez un nuevo álbum. Durante un tiempo hacemos nuestra vida por separado, y escribimos de manera individual, y luego nos juntamos y cada uno toca sus ideas a los demás. Y entonces es cuando intentamos decidir qué canciones se quedan y cuáles se descartan. Intentamos decidir qué tipo de álbum va a ser. Así es cómo ha ido con los últimos álbumes; canciones individuales de compositores individuales. Tenemos un período inicial en el que nos juntamos, un largo proceso de selección, con muchas disputas, en el que escogemos las mejores canciones. No tiene que ver sólo con lo referente a una canción individual, sino también con cómo se desarrollará el álbum, qué es lo que funcionará mejor, y cómo sonarán las otras canciones en relación con las demás. Así que nos planteamos la situación en términos de un álbum, no simplemente como canciones individuales.

Creo que estamos al tanto de las modas actuales y los cambios, y componemos canciones de acuerdo con eso. Bueno, Brian sigue componiendo con un molde heavy, o lo que sea, pero creo que los cuatro escribimos canciones muy diferentes, lo que es bueno. Cuanto más componemos, más diferentes nos volvemos como compositores y el repertorio va creciendo. Creo que vamos acumulando más y más tablas y abarcamos diferentes territorios de esa manera. Ahora estoy componiendo material muy diferente a lo que Queen estaban haciendo digamos hace tres años.

Ya sólo dentro del seno de la banda somos bastante competitivos, antes de sacar el material a la luz y que luego sea algo también competitivo con respecto a los otros grupos que hay. El grupo en sí es bastante especial. No nos gustan las medias tintas y soy muy exigente conmigo mismo. No hago concesiones. Si creo que una canción no es bastante buena, entonces la descarto. Hay cuatro compositores buenos que son igualmente expertos en eso, todos somos protagonistas, especialmente ahora que Roger está escribiendo tan bien, igual que John. Brian y yo solíamos ser los principales compositores, pero ahora componemos todos. Cuando empezamos cada álbum siempre hay una buena discusión en la que presentamos material y decimos; «¡Bueno! ¿Qué os parece?». Y luego empiezan las auténticas disputas.

Puedes tener a los mejores músicos del mundo, pero eso no garantiza que una canción sea mejor. Depende totalmente de la canción y de la persona que la haya escrito. Has de luchar por ella. Me gusta meter baza, queridos. Si me lo pusieran demasiado fácil, llegaría con menos material. Debido a nuestras disputas, eso hace que sea mucho más interesante, y uno acaba con *la crème de la crème*, lo mejor del lote. La lucha por las canciones de Queen ha sido una de las cosas que merece más la pena. A veces creo que es una cuestión de que quien más se pelea, acaba ganando.

Ya lo he dicho antes, pero el modo en que lo veo es que escribes canciones y una vez están editadas, están editadas, y luego simplemente sigues adelante. Si el nuevo álbum es un fracaso, nos limitamos a ir a por el siguiente. Hemos tenido discos antes que no han sido un *gran* éxito, como *Jazz* [1978], pero simplemente seguimos adelante. Ése fue considerado un ligero bajón, pero eso no nos frenó. Hicimos otro álbum, *The Game*, que tuvo un éxito enorme.

Si tuviera que pensar en esos términos, en levantarme cada mañana y decir, «¿les va a gustar todo?", tendría un ataque al corazón y úlceras. Me gusta pensar en ello de una manera más amplia que eso. También tiene que ver con la longevidad.

Estoy bastante al tanto de lo que ocurre, pero eso no significa que quiera incorporar esa moda en particular a mis canciones. Sigo escribiendo las canciones de la manera en que me gusta hacero, y si eso implica que un tema necesita algo pasado de moda, así lo haré. Nunca estropearé una canción, la canción es lo primero. Me siento tan seguro de mis canciones que si no las hago como es debido, preferiría no hacerlas en absoluto. Ésa es la razón por la que «Living On My Own» [1985] se canta de manera *scat*, un poco a la manera como lo hacía Ella Fitzgerald hace mucho tiempo, y que no es una moda actual. Quizá podría marcar una tendencia hoy en día, porque ningún artista de rock'n'roll ha cantado antes *scat* de esa manera, y quizá no sería apreciado, pero eso no me preocupa. Quería exhibir mi habilidad vocal en ese tema y eso es lo que hice. Así que hago lo que me gusta. Estoy al tanto de lo que ocurre, pero eso no significa necesariamente que vaya a seguirlo.

Muchas críticas que he leído recientemente han dicho: «Si asocias Queen con las armonías de "Bohemian Rhapsody" y ese tipo de producción a lo Cecil B. DeMille, olvídalo, porque no hay ni una pizca de eso en este disco». En cierto sentido, eso es bastante agradable. O bien es blanco o bien negro. En este caso, con *Hot Space*, creo que hemos asumido un riesgo enorme y que el público se ha dividido en dos. Espero que los norteamericanos lo vean como algo nuevo, porque el otro extremo del espectro es que Inglaterra simplemente lo ignoró totalmente. Obviamente no fue para nada de su agrado. Así que lo rechazaron de pleno.

Estoy terriblemente disgustado, enfurecido, de hecho. Creo que le podrían haber dado algo..., quiero decir que sé que «Body Language» [1982] fue la primera canción de ese estilo que hicimos, pero en Inglaterra fue rechazada totalmente. ¡Dios! Si ellos piensan que debido a esa situación de repente voy a volver atrás y repetir «Rhapsody», están equivocados.

No voy a hacerlo de ninguna manera. Pero estoy contento de que los norteamericanos hayan visto la otra cara del tema.

Las buenas canciones no tienen por qué estar saturadas de grandes escenas operísticas, o lo que sea. Realmente creo que actualmente parte del talento no reside sólo en ser un buen músico y escribir una maldita buena canción, sino que también es estar al tanto de lo que está ocurriendo ahí afuera y sintonizar con los nuevos tiempos. Y después de eso, simplemente has de dejar que decida la suerte.

Creo que los Queen hemos escrito algunas canciones buenas que *no* han vendido, pero que para mí siguen siendo buenas. Las canciones se perciben como buenas cuando venden y entran en las listas de éxitos. Quiero componer música comercial que se venda en todo el mundo. Si creo que he escrito una buena canción que no se vende, me digo: «¡De acuerdo, olvídalo, simplemente deshazte de ella y vamos a por otra!». Sencillamente, tiro adelante y voy a por la siguiente canción.

El sello de Queen, que es algo que me gusta, resulta simplemente ser una coincidencia que consiste en que hay cuatro compositores que escriben material muy diferente, lo que quizá nos da un espectro más amplio que el de la mayoría de los otros grupos. Somos iguales, pero yo he sido el compositor principal desde el principio. Si revisas nuestros primeros tiempos, Brian y yo hemos sido los principales compositores. John y Roger no componían en absoluto cuando empezamos, así que Brian y yo asumimos más o menos el 50 por ciento cada uno de la composición de todas las canciones. Hemos madurado siendo los dos principales compositores, pero luego los otros empezaron a componer, y los animamos a ello.

No creo que haya habido un álbum en el que los créditos de composición estuvieran repartidos por igual. En el último álbum casi hubo un reparto similar, pero creo que para el siguiente disco los créditos de composición ya serán a partes iguales.

Si todos estuviéramos escribiendo el mismo tipo de canciones, entonces nos hubiéramos hartado hace mucho tiempo, pero todos escribimos canciones diferentes, así que eso mantiene nuestro interés. Si todo el mundo escribiera el mismo tipo de material que atrae al mismo tipo de gente, entonces sería un poco aburrido. Tenemos cuatro personalidades totalmente distintas y egos diferentes, y eso es bueno. ¡Seguimos discutiendo! Seguimos peleándonos como críos. Un álbum de Queen surge de eso. Tienes que luchar. Creo que es la mejor manera. Me gusta luchar para que podamos conseguir lo mejor, y creo que hago que los demás también luchen. Eso lo hace mucho más interesante.

A veces le enseño una de mis canciones a Brian y quizá pone guitarras según sus gustos, no los míos. Así que discutimos. A veces somos la banda más perra del mundo. Hay muchas vibraciones negativas, pero al final las cosas siempre salen. Hemos de entrar en conflicto, de lo contrario supongo que sería aburrido. A veces, simplemente, no estás de acuerdo en algo, pero al final lo que ocurre es que el compositor es quien manda. Puede decir: «Mirad, así es cómo quiero la canción, y así es cómo la voy a conseguir». En lo que a mí respecta, la persona que compuso las letras es quien efectivamente ha escrito la canción.

En los primeros tiempos, Brian y yo siempre escribíamos mucho más, como ya he dicho, pero ahora hemos llegado a un punto en que todos quieren su trozo del pastel. Creo que llegados a este punto, ésa es la única manera de que Queen sobreviva. Sé que hay gente que piensa que yo lo acaparo todo, pero eso no es del todo cierto. Creo que en todos los álbumes que ha sacado Queen, realmente hemos escogido lo mejor del lote. No intento acaparar los discos de Queen de ninguna manera. Tengo que asegurarme de aportar buenas canciones, y ellos me consideran el máximo compositor, o a Brian y a mí como los compositores principales, pero lo gracioso es que eso hace que los demás escriban mejores canciones. Eso no significa que yo escriba las mejores canciones porque sean *hits*, sino sólo que ellos también aportan canciones muy buenas.

Me parece que yo colaboro más en las canciones de Roger o John, ya que me permiten que los ayude y les sugiera cosas. En cambio, Brian tiene sus propias ideas sobre la composición, que son muy rígidas, por lo que no parece que yo pueda colaborar tanto con sus ideas. Con John y Roger lo que ocurre es que desde el principio, en cierto modo, ya pude echarles un cable, y a ellos no les molesta desmenuzar su material para luego recomponerlo. A veces me apodero de toda la canción, como con... y no me importa decirlo, con «Radio Ga Ga», de Roger. Inmediatamente sentí que había una materia prima potente y con gancho comercial que podía desarrollarse. Así que se fue de vacaciones a esquiar durante una semana y trabajé en la canción. Pero básicamente es una canción suya. Él tenía las ideas y yo sólo pensé que había algunos elementos de construcción que no eran correctos. Él simplemente dijo: «Muy bien, haz lo que te apetezca».

No es posible saber hasta qué punto va a cambiar una canción hasta que estás en el estudio. De hecho, sufre un gran desarrollo cuando estamos en el proceso de grabación, como en «Somebody To Love» [1976]. Sabía que quería algo que sonara como a un coro de gospel, y también sabía que tendríamos que hacerlo nosotros mismos. Esa canción tiene un efecto parecido a un coro de 160 personas. Puedes imaginarte cuánto tiempo necesitamos para hacerlo, grabando una y otra y otra vez. Nos pasamos una semana con eso, pero mereció la pena. Nunca quiero echar la vista atrás a uno de nuestros álbumes y pensar: «¡Si hubiésemos invertido más tiempo, y hubiésemos hecho eso, habría sido mejor!». Somos unos perfeccionistas de las cosas y pensamos que vale la pena invertir ese tiempo. La gente, probablemente, piense, «oh, Dios, llevan otra vez en el estudio cuatro meses y medio», pero creemos que es necesario porque simplemente ha de sonar bien, eso es todo.

La etiqueta «sobreproducido» se aplica con demasiada facilidad a Queen, pero eso no es cierto. Si lo miras de un modo inteligente, hay ciertas canciones que necesitan ese tipo de atención. Si queremos exagerar la producción, podemos hacerlo. Pero, una vez más, fíjate por ejemplo en «You Take My Breath Away» y verás que se sale del estilo de Queen, porque la dejé simplemente como una canción de voz y piano, necesitaba esa clase de sencillez. Y «The Millionaire Waltz» necesitaba en cambio otro tipo de tratamiento.

En términos de composición, producción y arreglos, supimos desde los primeros tiempos de Queen que, de hecho, lo haríamos todo nosotros. Éramos muy reticentes a tener a otra persona infiltrándose en nuestro territorio. Así que aprendimos a hacerlo todo nosotros mismos, encargándonos sólo nosotros cuatro. Y ésa es la única manera que conozco de hacerlo.

Creo que nuestras letras han cambiado con respecto a nuestros primeros tiempos. En este momento estoy escribiendo material más ligero. Estoy en una etapa en la que me gusta escribir con simplicidad y eso afecta tanto a la estructura de la canción como a las letras. Me he alejado de todo ese material tipo «Bohemian Rhapsody», y de las letras de «Killer Queen». Fue tan sólo una fase por la que pasaba entonces [1974/75].

Creo que la gente que ahora compra nuestros discos está interesada en el cambio de Queen. Están acostumbrados a que cada vez aparezcamos con algo diferente, así que se adaptan a eso. A veces creo que se sentirían decepcionados si no lo hiciéramos. Nunca me gusta repetir la misma fórmula más de una vez porque lo encuentro aburrido. Siempre estoy buscando algo diferente, lo cual es bueno, porque supone un desafío. Eso es algo que surge de manera natural. Las canciones son variadas. Los estados de ánimo nos hacen cambiar, somos adaptables. En buena parte es algo espontáneo, realmente no pensamos demasiado en ello. Creo que es lo mejor. Si se planificara demasiado entonces sería demasiado rígido y no seríamos nosotros mismos.

5.2 Las canciones de Queen

Todos creemos firmemente en hacer cosas inusuales, cosas que la gente no espera de nosotros y que se salen de lo común. No queremos estancarnos nunca en la rutina o convertirnos en un grupo trasnochado, y existe el peligro de caer en eso cuando se lleva juntos tanto tiempo como nosotros. Existe el peligro de dormirte en los laureles y relajarte, y ninguno de nosotros querría eso de ninguna manera. No queremos quedarnos nunca quietos.

QUEEN (1973)
«Keep Yourself Alive» fue una manera muy buena de decirle a la gente de qué iban Queen en aquellos tiempos.

QUEEN II (1974)

En este álbum no había ningún significado profundo ni ningún concepto. Durante la grabación lo pensamos de manera impulsiva. Escribí una canción para el disco, «The March Of The Black Queen», y fue entonces cuando tuvimos la idea de tener una cara blanca y otra negra, reflejando un estado de ánimo luminoso y otro oscuro. Supuso un buen contraste.

«Seven Seas Of Rhye» es sólo pura ficción. Sé que es como salirse por la tangente, o dar una respuesta fácil, pero es sólo eso. Era tan sólo producto de mi imaginación. En esa época estaba aprendiendo mucho sobre cómo componer canciones, cosas como la estructura de la canción. Aprendía técnicas diferentes todo el tiempo.

En «Ogre Battle» utilizamos un gong enorme. Era incluso más grande que el que utilizaban Pink Floyd en directo, ¡y se necesitó toda la fuerza de Roger tan sólo para levantar el mazo!

Al principio, el asunto de «sin sintetizadores»[6] lo pusimos como una broma, y porque nos sentíamos frustrados, pero al final resultó ser una buena idea, porque incluso entonces llegamos a engañar a John Peel.[7] Una vez dijo algo en una crítica sobre el buen uso que hacíamos del sintetizador Moog, y en realidad se trataba de varias guitarras grabadas unas encima de las otras.

SHEER HEART ATTACK (1974)

«Killer Queen» trata de una prostituta de lujo. Intentaba decir que las personas con clase también pueden ser putas. De eso trata la canción, aunque preferiría que la gente la interpretara a su manera, que vean en ella lo que quieran ver. La gente está acostumbrada a la música enérgica de hard rock de Queen, aunque con ese single casi te esperas que sea Noel Coward[8] quien

6. Queen incluyó una nota que decía «No Synths» («sin sintetizadores» o «no hay sintetizadores») en la carpeta interna de sus primeros álbumes porque estaban hartos de que los periodistas escribieran erróneamente que utilizaban sintetizadores. *(N. del Ed.)*
7. John Peel (1939-2004): disc jockey y presentador radiofónico muy popular en Inglaterra que trabajó en la emisora BBC Radio 1. *(N. del T.)*
8. Noel Coward (1899-1973): actor, dramaturgo y compositor inglés. *(N. del T.)*

la cante. Es uno de esos números con bombín y liguero, aunque no digo que Noel Coward llevara puesto eso.

Estamos muy orgullosos de esa canción. Era tan sólo uno de los temas que escribimos para el álbum, no fue compuesto para ser un single. Simplemente, escribí unas cuantas canciones para *Sheer Heart Attack* y cuando acabé de escribir ésta, y tras grabarla, descubrimos que era un single muy potente. Realmente lo era. Por entonces, eso era algo muy impropio de Queen. Fue otro riesgo que asumimos, pero ¿sabes?, cada riesgo que asumimos hasta entonces nos dio buenos resultados.

«Killer Queen» fue otra canción en que escribí primero la letra. Era una canción que realmente se salía de la forma normal en que acostumbro a componer. Generalmente, la música sale primero, pero en esa ocasión salieron primero las letras, junto con el estilo sofisticado que quería transmitir. Muchas de mis canciones son fantasía, puedo inventarme todo tipo de cosas.

«Now I'm Here». Ésa estuvo bien. Fue algo de Brian May. La publicamos después de «Killer Queen». Es un contraste total. Era simplemente para demostrarle a la gente que aún podemos seguir haciendo rock'n'roll, que no nos hemos olvidado de nuestras raíces de rock'n'roll. Está muy bien tocarla en el escenario. Disfruté tocándola en directo.

A NIGHT AT THE OPERA (1975)

A Night At The Opera está sin duda entre los mejores discos de Queen. De todos nuestros primeros cuatro álbumes, éste fue el que más tiempo nos llevó grabar. Realmente no fue algo premeditado, simplemente lo abordamos de tal manera que dijimos que íbamos a hacer toda una serie de cosas. Necesitamos unos cuatro meses para grabarlo y casi nos pasamos de la fecha límite, con una gira a punto de empezar. Era importante hacer el álbum de la manera en que queríamos, especialmente después de haber invertido tanto tiempo en él. Cada canción de *A Night At The Opera* destaca por méritos propios.

Había muchas cosas que queríamos hacer en *Queen II* y *Sheer Heart Attack*, pero no tuvimos suficiente espacio. Con *Opera* sí. Más orientado a la guitarra y con juegos vocales, hicimos cosas que nunca antes habíamos hecho. Pusimos sonidos de todo tipo, desde una tuba a un peine. No teníamos límites. Había muchas canciones y estilos que queríamos hacer. Supone todo un cambio tener canciones cortas junto a otras más largas. Es tan variado que pudimos ser extremados. Cada molécula de ese álbum somos nosotros, sólo nosotros cuatro, cada pizca. No hubo ningún músico de estudio; ni para arreglos de cuerda ni para nada.

Produjimos el álbum junto con Roy (Thomas) Baker, el cual tenía una experiencia versátil sorprendente y fue de gran ayuda para nosotros.

Quizá fue un disco caro, creo que nos costó entre unas 15.000 y 20.000 libras, porque estábamos decididos a hacer el mejor disco de que fuéramos capaces, y supongo que realmente queríamos demostrar que podíamos hacerlo, pero el alivio que sentimos una vez estuvo acabado... ¡Indescriptible!

Y bueno... «Death On Two Legs» era la letra más malintencionada que había escrito jamás. Contenía tanto rencor que Brian se sentía mal al cantarla. Nadie se hubiera creído nunca cuánto odio y veneno había en la manera de cantar esa canción, excepto por la misma letra. Simplemente escuchad la letra atentamente, niños. Es una cancioncilla desagradable que saca a relucir mi vena maligna.

Normalmente no me gusta explicar en qué estaba pensando cuando escribí esa canción. Trata sobre un viejo desagradable que conocí. La letra me salió con mucha facilidad.

Decidí que si quería hacer hincapié en algo concreto, como por ejemplo eso, lo mejor sería poner toda la carne en el asador y no hacer concesiones. Pasé un mal rato intentando sacar la letra. Quería que fuera tan grosera como fuera posible. Mi garganta era una sangría. Cada día cambiaba la letra intentando que fuera lo más cruel posible. Cuando los demás la escucharon por primera vez se quedaron impresionados. Al describírsela, dijeron: «¡oh, sí!», pero luego vieron la letra y se asustaron. Sin embargo, yo ya había dado ese paso y estaba completamente absorto en ella. Durante unos días yo era como un demonio.

El álbum necesitaba un comienzo potente, ¿y qué mejor manera que tener esas primeras palabras, «Me chupas la sangre como una sanguijuela» [«You suck my blood like a leech»]? Al principio iba a haber la introducción, luego se detenía todo y aparecían las palabras, «Me chupas la ****», pero eso era ir demasiado lejos.

¡Digamos sencillamente que la canción ha conseguido su objetivo!

«Lazing On A Sunday Afternoon» es un tema corto, de tan sólo un minuto y seis segundos. Es una canción animada y picante, queridos. A Brian le gusta.

Así es como me influye el buen humor. Ése es tan sólo un aspecto de mí, realmente puedo cambiar de humor. Todo en «Sunday Afternoon» es un poco diferente de lo habitual. Me encanta resaltar el lado de vodevil de las cosas. Realmente me pone a prueba. Me gusta mucho escribir cosas como ésa, y estoy seguro de que voy a hacer más canciones de ese estilo. Además, suponen un desafío.

Luego tenemos «Good Company», compuesta por Brian, un tema en plan George Formby,[9] con saxos, trombón y clarinete, sonidos todos ellos producidos por Brian con la guitarra. No creemos en la ayuda de los músicos de estudio, lo hacemos todo nosotros mismos, desde el falsetto más agudo a las notas más graves. Todo lo cantamos nosotros.

Es una señal de transición. Seguramente lo podríamos haber hecho en el primer álbum, pero no puedes tenerlo todo, y no fue hasta el cuarto álbum cuando intentamos hacerlo. Hay muchas cosas en las que queríamos profundizar. Siempre quise escribir algo parecido. «Ogre Battle» fue compuesta con una guitarra, pero luego me metí en cosas del estilo de «Love Of My Life» y «Lily Of The Valley» con el piano. Siempre he escuchado ese tipo de música.

«Seaside Rendezvous» tiene un aire en plan años veinte, y, si te fijas, verás que Roger imita una tuba y un clarinete con la voz. Voy a hacer que también baile claqué. Tendré que comprarle unos zapatos de claqué como Ginger Rogers.[10]

---

9. George Formby (1904-1961): cantante y comediante inglés que triunfó tanto en el cine como en el music hall. (N. del T.)

10. Ginger Rogers (1911-1995): actriz y cantante estadounidense que logró la fama junto a Fred Astaire; juntos protagonizaron diez películas musicales. (N. del T.)

«'39» es una cancioncilla ambiental de Brian, un tema tipo *skiffle*,[11] algo que nunca habíamos probado antes. Es algo que nos sale de dentro y la gente no puede creérselo. No pueden creerse que seamos nosotros. Es algo que Brian May quería hacer y realmente es algo muy, muy diferente a lo que hacemos los Queen. Creo que va a ser la cara B de «You're My Best Friend».

Brian tiene un tema épico absolutamente colosal, «The Prophet's Song», que es una de nuestras canciones más fuertes hasta la fecha. En ese tema está presente su extravagancia con la guitarra. ¿Sabes? La guitarra de Brian está hecha especialmente para él, así que casi puede hacer que hable. Seguro que *habla* en este tema.

El single de «Rhapsody» nos llevó una maldita eternidad, y sólo con «The Prophet's Song» estuvimos tres semanas, pero tuvimos toda la libertad que quisimos, y pudimos ir muy lejos. ¡Nos permitimos hacer ópera, por ejemplo! Creo que ese álbum combinaba lo estrafalario de *Queen II* con las buenas canciones de *Sheer Heart Attack*. ¡Son las mejores canciones que se han escrito jamás, queridos!

«I'm In Love With My Car», la cara B de «Rhapsody», fue el primer gran éxito de Roger. Tenía muchas ganas de lograr ese éxito y creo que de veras se lo merecía. Fue un gran éxito en Europa.

«Love Of My Life» es una modesta balada encantadora. Mi influencia clásica está sin duda presente en la canción. Brian toca un arpa auténtica de tamaño natural en ese tema. Recuerdo que en ese momento pensé: «¡Voy a obligarle a tocar hasta que se le caigan los dedos!».

Ahora la hemos adaptado para guitarra en los conciertos, pero se compuso con el piano. En todas partes del mundo donde hemos estado saben cómo cantar «Love Of My Life»; es sorprendente ver algo así, con tanta gente.

---

11. Skiffle: tipo de música folk, con elementos de jazz y blues, en el que se utilizan instrumentos caseros junto con la guitarra acústica y el banjo; fue especialmente popular en Gran Bretaña en las décadas de los cincuenta y los sesenta, con Lonnie Donegan como máximo exponente. (*N. del T.*)

Una vez, queridos, dediqué «Love Of My Life» a Kenny Everett[12] en su programa de radio [1976] por haber sido tan amable con nosotros y permitirnos colarnos en su programa *Be Bop Bonanza*. Es de nuestro álbum *Sheer Heart Attack*... Oh, no, es de *A Night At The Opera*. ¡Dios! Hemos hecho tantos, que sigo olvidándome.

«You're My Best Friend» es una canción de John Deacon. De hecho, quedé muy satisfecho con ella. John realmente empezó a mostrar sus posibilidades entonces. Trabajó mucho en ese tema, y es muy bueno, ¿verdad? Aportaba versatilidad a Queen, ¿sabes lo que quiero decir?

A DAY AT THE RACES (1976)

«You Take My Breath Away» la grabé yo solo en varias pistas. Las voces de los demás no se utilizaron. Toqué el piano y, básicamente, eso fue todo. No sé cómo conseguimos que quedara tan sencilla, ¿sabes?, con todos nuestros añadidos y demás. La gente tiende a pensar que somos muy complejos, y eso no es cierto. Depende de cada tema por separado. Si una canción necesita complejidad, lo hacemos. Así que ese tema, de hecho, es bastante austero, según los estándares de Queen.

«Long Away» es una canción compuesta por Brian y tocada con una guitarra de doce cuerdas. Tiene armonías muy interesantes.

Para «Somebody To Love» éramos las mismas tres personas cantando en la gran sección coral, pero creo que tenía un tipo de enfoque técnico diferente porque cantamos como si de gospel se tratara, lo cual es algo diferente a lo que hacemos. Ese tema me volvió un poco loco. Sólo quería escribir algo en la vena de Aretha Franklin. Me inspiré en el enfoque de gospel que ella tenía en sus primeros discos. Aunque pueda parecer un enfoque similar en las armonías, en el estudio es diferente, porque es un registro distinto.

---

12. Kenny Everett (1944-1995): disc jockey y humorista inglés.; fue el primero en emitir, en Capital Radio, la versión completa de la larga canción «Bohemian Rhapsody», y lo hizo varias veces, ayudando así a que llegara a ser número 1 en Inglaterra (llegó a ponerla 14 veces en un sólo día). *(N. del T.)*

«The Millionaire Waltz» realmente es bastante extravagante. Es el tipo de tema que me gusta meter en cada álbum, algo muy alejado del formato de Queen. Brian lo orquestó lleno de guitarras como nunca antes había hecho. Metió sonidos de tubas, piccolos y cellos. Le llevó semanas hacerlo. Brian es muy remilgado. Ese tema es algo que Queen nunca había llevado a cabo antes, un vals tipo Strauss.

De hecho, trata sobre John Reid, el mánager que teníamos entonces. Una vez más, creo que me volví un poco loco con ese tema. Pero creo que salió bien, y a veces hace reír a la gente.

La verdad es que me gustaría decir que Brian hizo un trabajo con las guitarras muy bueno. Realmente llevó sus orquestaciones de guitarra al límite. No sé cómo va a superar ese tema. Y John tocó un bajo muy bueno. Creo que se trata de una canción muy buena y nos felicitamos a nosotros mismos. Realmente creo que salió muy bien, especialmente desde el punto de vista de la orquestación. Brian sin duda ha utilizado su guitarra de una manera diferente. Sé que antes había hecho un montón de orquestaciones, pero, aun así..., está muy bien.

«You And I» —al final de la primera cara— es un tema de John Deacon, su contribución a ese álbum. Sus canciones cada vez son mejores. De hecho, es algo que me empieza a preocupar.

«Tie Your Mother Down» es uno de los temas duros de Brian. De hecho, recuerdo que la tocamos en Hyde Park, en nuestro picnic al lado del lago Serpentine, en verano de 1976, antes de haberlo grabado. Pude familiarizarme con la canción delante del público antes de tener que grabar la voz en el estudio. Al ser un tema muy ruidoso, me vino muy bien esa prueba.

Esa canción nos ha dado mucha fama, especialmente en Inglaterra. Siempre ha sido un tema muy, muy potente en directo. Y creo que suena bien. Nos ha abierto nuevas perspectivas.

«White Man», la cara B de «Somebody To Love», también es una canción de Brian. Es un tema con un acento de blues, y me dio la oportunidad de hacer unas voces estridentes. Creo que será un tema estupendo en directo.

«Good Old Fashioned Lover Boy» es otro de mis números de vodevil. Siempre hago una pieza de vodevil, aunque «Lover

Boy» es más sencilla que «Seaside Rendezvous», por ejemplo.
Es una canción muy simple con voz y piano y un ritmo conta-
gioso; el álbum necesita una canción así para aflojar el ritmo.

«Drowse» es una canción de Roger muy interesante. A Roger le va mucho el rock'n'roll. Tiene una guitarra slide de Brian
estupenda, y Roger hace voces en octava. De hecho, es una melodía muy tarareable. La canto sin parar.

El álbum *A Day At The Races*, y no *Horse Feathers*,[13] que es
otra película de los Hermanos Marx— acaba con un tema japonés, una canción de Brian titulada «Teo Torriatte», que significa «agarrémonos uno a otro". Es una canción muy emotiva,
una de sus mejores canciones. Brian toca el armonio y una guitarra deliciosa. Es una canción agradable para cerrar el álbum.

NEWS OF THE WORLD (1977)

«We Are The Champions» es la canción más egotista y arrogante que he escrito jamás. Pensaba en el fútbol cuando la escribí. Quería una canción en la que los fans pudieran participar.
Estaba dirigida a las masas. Pensé que estaría bien ver cómo se
la tomaban. Funcionó de maravilla. Cuando la tocamos en un
concierto privado en Londres, los fans de hecho empezaron a
corearla como un himno futbolístico entre las canciones. Por
supuesto, le he dado una sutileza más teatral que la de un himno
corriente de fútbol. ¡Ya me conocéis!

No pensaba en absoluto en la prensa cuando la escribí. Nunca
pienso en la prensa musical británica actualmente. En realidad
estaba pensada para ofrecerla tanto a los músicos como a los fans.
Supongo que también puede interpretarse como mi versión de
«I Did It My Way»[14]. Lo hemos conseguido, y sin duda no ha
sido fácil. No ha sido un camino de rosas, como dice la canción.
Y sigue sin serlo. Esa canción se la apropiaron los fans de fútbol
porque es una canción de ganadores. No puedo creer que alguien
no haya escrito una nueva canción para superarla.

13. *Horse Feathers*: filme estrenado en España como *Plumas de caballo* (1932), es el cuarto
largometraje de los Hermanos Marx. *(N. del T.)*
14. Hace referencia a la popular canción «My Way», publicada por Frank Sinatra en
1969, con letra en inglés de Paul Anka. Se trata de una versión de la canción francesa
«Comme d'habitude», escrita por Claude François. *(N. del T.)*

«Spread Your Wings» es una canción muy del estilo de John Deacon, pero con unas guitarras más estridentes. Tras haber grabado mi voz, John puso todas esas guitarras, y la atmósfera de la canción cambió. Creo que es su canción más lograda hasta la fecha.

THE GAME (1980)

Escribí «Crazy Little Thing Called Love» con la guitarra y toco la rítmica en el disco, y funciona realmente bien porque Brian consigue tocar todas esas guitarras solistas además de su solo habitual. Estoy un tanto limitado por el número de acordes que sé tocar. Realmente, aún estoy aprendiendo, pero espero tocar más la guitarra en el futuro. Esa canción no es típica de mi obra, pero eso es porque nada es típico de mi obra.

«Another One Bites The Dust», fue un éxito bailable, pero eso no significa que a partir de ahora vayamos a hacerlo todo según ese estilo. Nos gusta experimentar, aunque he aprendido mucho de toda esta rítmica música disco negra, de Michael Jackson, Stevie Wonder y Aretha Franklin.

UNDER PRESSURE (Colaboración con David Bowie, 1981)

«Under Pressure» surgió por pura casualidad, queridos míos. David vino a vernos un día al estudio de grabación que teníamos entonces, en Montreaux, donde estábamos trabajando. Empezamos a juguetear juntos con algo, y de hecho todo salió de manera muy espontánea y rápida. Ambos quedamos encantados con el resultado.

Quizá fue algo totalmente inesperado, pero como grupo todos creemos firmemente en hacer cosas que sean inusuales y que no se esperen de nosotros, cosas fuera de lo común. No queremos estancarnos nunca en la rutina o convertirnos en un grupo trasnochado, y existe el peligro de caer en eso cuando una banda lleva junta tanto tiempo como la nuestra. Existe el peligro de dormirte en los laureles y relajarte demasiado, y ninguno de nosotros querría eso de ninguna manera.

Fue un verdadero placer trabajar con David. Posee un enorme talento. Cuando lo vi representar en el escenario la versión de *El hombre elefante*, en Broadway, su interpretación me inspiró ganas de actuar. Es algo que quizá haga en el futuro, pero ahora mismo estoy pendiente de otros proyectos con Queen. No queremos quedarnos parados nunca. Aún nos quedan muchos terrenos por explorar.

THE WORKS (1984)

Compuse una canción con Brian para este álbum. ¡Debería haber un eclipse!

Se titula «This Is The World We Created». Me gusta la manera en que enfocamos esa canción. Estábamos revisando todas las canciones que teníamos para ese álbum y pensamos que lo único que no teníamos era una de esas baladas realmente cristalinas, o en plan cantarín; cosas del tipo «Love Of My Life». Y en vez de que alguno de nosotros se fuera a componer una, sencillamente le dije a Brian: «¿Por qué no pensamos en algo ahora mismo?». Y esa canción se desarrolló en unos dos días. Cogió una guitarra acústica y yo me limité a sentarme a su lado y la sacamos entre los dos.

De hecho, si pensáramos de antemano que deberíamos sentarnos y escribir una canción juntos, no creo que nunca hubiera ocurrido, porque entonces entran en juego todo tipo de cosas que lo desbaratan todo, como los egos, y quién hace qué. Pero de esta manera no tuvimos tiempo de pensar en ello. Simplemente nos metimos allí y sacamos juntos la canción. Si no funcionaba, nos desharíamos de ella, pero parecía que funcionaba y era bastante fuerte, así que dijimos que sí, esto debería funcionar como final del álbum. Y más tarde la tocamos en Live Aid.

THE MIRACLE (1989)

Personalmente, no me gustan los títulos que aportan un concepto a un álbum, ya que, a veces, eso da una imagen equivocada. Por ejemplo, el título provisional de *The Miracle* era *The Invisible Man*. Contiene una canción con el mismo título, y hablamos de hacer un vídeo que incluyera algunos elementos mágicos. Pero ya te puedes imaginar que los periodistas iban a interpretar el título de manera errónea. De todas maneras, el título fue *The Invisible Man* hasta la última semana. Creo que fue Roger el que empezó a decir: «¡Venga, este título no va a funcionar!». Así que pensamos en cambiarlo, y había una canción titulada «The Miracle», por lo que pensamos que nos representaría bien. Así que al final nos decidimos por *The Miracle*. Por supuesto, mucha gente debió pensar que considerábamos nuestra obra como si de un milagro se tratara, ¡pero bueno! Si quieren pensar eso, pueden hacerlo. De cualquier modo, básicamente, el título surgió de una canción del álbum.

Estaba bien, pero tuvimos varias peleas hasta decidirlo.

INNUENDO (1991)

Estoy satisfecho de mi voz en este álbum. *Innuendo* es una palabra que utilizo a menudo en el juego del Scrabble. Es un título perfecto para Queen.

6. Me siento solo, pero nadie lo diría

Si quisiera niños, simplemente, me iría a Harrods y me compraría uno. Allí venden de todo. ¡Si compras dos, de regalo te dan una niñera!

Cuando tengo una relación, nunca es a medias tintas. No creo en las medias tintas ni en transigir. Sencillamente, no soporto tener que transigir en nada. Me entrego totalmente porque así es cómo soy.

Intento contenerme cuando me atrae alguien, pero no puedo controlar el amor. Se desmadra. Me enamoro con mucha facilidad y, al final, siempre acabo dolido. ¿Quizá es que atraigo a la gente equivocada? Estoy lleno de cicatrices. Pero no puedo evitarlo, porque básicamente soy un blando.

En términos amorosos, nunca tienes el control y odio esa sensación. He llorado a mares. Puede que proyecte una imagen de duro, pero por dentro soy un blando. Tengo esta coraza dura de macho que proyecto en el escenario, pero también tengo mi lado blando, que se derrite como la mantequilla. Soy un auténtico romántico, igual que Rodolfo Valentino, pero en algunos artículos aparezco como una persona absolutamente fría.

Tengo un lado tierno y un lado duro, sin nada entre medio. Si conecto con la persona adecuada puedo ser muy vulnerable, un auténtico niño, que es cuando, de manera invariable, me pueden pisotear, pero a veces soy duro, y entonces nadie puede conmigo. Una y otra vez saco a relucir las púas, ¡y están afiladas!

En mis relaciones soy una persona muy dominante. También soy una persona muy posesiva. Puedo llegar muy lejos intentando ser leal sólo para demostrar algo, pero en el momento que descubro que alguien me ha traicionado, me echo atrás. ¡Si me traicionan, soy un ogro!

Soy un hombre extremista y eso puede ser muy destructivo. Puedo ser muy emotivo y ése también es un rasgo de mi carácter que puede ser muy destructivo. Parece que consumo a las personas que se me acercan demasiado y las destruyo, no importa cuánto me esfuerce en intentar que las cosas funcionen. Debo tener algún elemento destructivo, porque me esfuerzo mucho en construir una relación, pero de alguna manera hago que la gente se aparte de mí. Siempre me acaban culpando del fin de la relación porque soy el que tiene éxito. Con quien quiera que esté, siempre intenta luchar por estar a mi altura, intentando compensarlo de alguna manera.

Mimo muchísimo a mis amantes. Me gusta hacerles felices y me encanta darles regalos maravillosos y caros, pero al final acaban pisoteándome. Cuando muestro mi lado más íntimo parece que ha llegado mi perdición.

A veces me despierto sudando, asustado porque estoy solo. Es por eso que salgo a buscar a alguien que me quiera, incluso aunque sólo sea por una noche. En esas noches me limito a jugar mi papel. Lo que realmente me gusta es recibir mucho amor. Me enamoro y luego acabo dolido y con cicatrices. Parece que no pueda ganar.

De alguna manera creo que cuantos más contratiempos tenga, mejores van a ser las canciones que vaya a escribir. Una vez he encontrado a alguien, cuando he encontrado una relación duradera, ¡se dispara mi creatividad en busca de canciones maravillosas! En cierto modo me alimento de los contratiempos del pasado. Bueno, aunque haya dicho todo esto, no lo sé... No sé qué me depara el futuro. Quiero un desafío. Siempre lo quiero así. Creo que está en mi naturaleza. En el momento en que se vuelve demasiado agradable, me aburro. Lo echo todo a perder.

Sí, soy gay. He hecho todas esas cosas. Soy tan gay como un narciso, queridos. Pero no podría enamorarme de un hombre del mismo modo en que lo haría de una chica. No voy por ahí buscando compañías gays, pero en este negocio es muy difícil encontrar amigos leales y conservarlos. Entre mis amistades hay muchos gays y muchas chicas, ¡y también muchos hombres *mayores*! Me muevo en un mundo teatral y la gente puede sacar sus propias conclusiones. Tuve una novia con la que viví durante cinco años, Mary. También he tenido novios. Arruinaría todo el misterio si siempre lo explicara todo de mí mismo. Sinceramente, sacarlo a relucir y entrar en muchos detalles sobre todo eso no es algo propio de mí. Seguramente tengo unos gustos sexuales más amplios que la mayoría de la gente, pero hasta ahí voy a llegar.

Soy un ser humano. Me gustaría que la gente aceptara el hecho de que soy un ser humano. Es como si fuera un minusválido, porque la gente inmediatamente busca mi personalidad escénica. Nadie quiere a mi auténtico yo. Por dentro, todos están enamorados de mi fama y del estrellato. Es por eso por lo que virtualmente tengo que luchar. La mayor parte del tiempo eso juega en mi contra. Quiero una relación, pero siento que debo luchar por eso todo el tiempo. Es como si hubiera creado un monstruo. He de encontrar a alguien que lo acepte, en términos de una relación, pero es muy difícil. Intentas separar ambos aspectos, pero no es fácil, son como dos caras de la misma moneda. He tenido relaciones en mi vida que no han ido bien, y es muy difícil encontrar a alguien auténtico. No puedes saber si te quieren a ti o al Freddie Mercury estrella del pop... ¡Y *él* es alguien bastante diferente!

Puedo ser un buen amante, pero creo que después de todos estos años ya no soy una buena pareja para nadie. He tenido muchos amantes, por supuesto. ¡He tenido más amantes que Liz Taylor! Tanto hombres como mujeres. He tenido relaciones de cada bando, pero no parece que me duren demasiado. Todas las relaciones salieron mal. Obviamente, yo no soy un buen catalizador. El amor para mí es como la ruleta rusa.

Resulta muy difícil encontrar a esa persona maravillosa y a veces lo intento de veras. Me dejaba dominar por mis emociones. Quiero decir que cuanto más disgustado me sentía con la relación, más carga de estrés y apuros y todas esas cosas. ¡Oh,

Dios mío! Suena como si realmente fuera una tragedia, pero tampoco estoy diciendo eso. Siento que voy por ahí lleno de cicatrices y creo que no podría soportar ninguna más.

Me hacen daño, pero intento no hacer alarde de ello. No soy de los que guardan rencor. En el momento preciso de la traición es como si te clavaran un cuchillo en la espalda, y por supuesto mi reacción inicial es: «¡Voy a ir a por ese cabrón!». Pero se me pasa. Intento no caer en eso. Me olvido del tema. No vale la pena. Me han decepcionado muchas veces, pero me limito a apretar los dientes, me muerdo la lengua y digo: «¡Que se jodan!».

En muchos casos acabamos siendo amigos, después de un tiempo, lo cual me sorprende bastante. Hay mucha gente que me ha jodido, y pienso: «Nunca más». Y algunos de mis amigos íntimos dicen: «¿Cómo puedes pasar eso por alto?». ¿Sabes? Soy un blando..., soy un bombón.

¡Estoy poseído por el amor! ¿No lo está todo el mundo? La mayoría de mis canciones son baladas de amor y hablan de cosas que tienen que ver con la tristeza, el tormento y el dolor. Parece que escribo muchas canciones tristes porque soy una persona muy trágica. Pero al final siempre está presente un elemento de humor.

Una vez escribí una canción titulada «My Love Is Dangerous» [1985]. Siento que quizá es así cómo es mi amor: peligroso. De hecho, nunca me he analizado a mí mismo, pero después de todos estos años siento que no soy una buena pareja para nadie, y creo que así es mi amor. Mi amor es peligroso. ¿De todos modos, quién quiere que su amor sea seguro? ¿Puedes imaginarte escribir una canción titulada «My Love Is Safe» (Mi amor es seguro)? No vendería nada.

Genero muchas fricciones, por lo que no soy la persona más fácil con quien tener una relación. Soy la persona más agradable que podríais conocer, queridos míos, pero soy alguien muy difícil con quien convivir. No creo que nadie pudiera aguantarme, y a veces pienso que me esfuerzo demasiado. Por un lado soy alguien egoísta, quiero que las cosas se hagan a mi manera, pero ¿no es lo que quiere todo el mundo? Soy una persona muy cariñosa, ya sabes, y soy una persona muy generosa. Pido mucho, pero doy mucho a cambio.

También he descubierto que en cierto sentido, a lo largo de los años, me he vuelto más amargo. Simplemente no confío en nadie porque me han decepcionado muchas veces. Cuanto más te han fallado, más dolor aguantas. Cada vez me resulta más difícil abrirme a la gente, porque sencillamente no me fío de los indeseables. No puedes ganar siempre, y así son las cosas.

Cuando tienes éxito todo se hace muy difícil. Descubres a los auténticos miserables. Pero me tomo las cosas tal y como vienen. De hecho, ésa es la razón por la que me he construido una coraza tan fuerte. Quiero decir que la mayor parte del tiempo, cuando la gente habla conmigo, inmediatamente pienso: «¿Qué es lo que quiere? ¿Va tras esto o lo otro?». Así que a la gente le resulta muy difícil conocerme. Tengo que pasar por una especie de largo proceso de selección. Tengo que averiguar de qué van. No recibes a la gente con los brazos abiertos todo el tiempo, tienes que escudriñarlos.

El éxito me ha proporcionado millones de libras y adulación en todo el mundo, pero no eso que todos necesitamos: una relación amorosa. Pueden amarte muchos miles de personas y, aun así, ser la persona más solitaria. Y la frustración que supone lo empeora, porque a la gente le resulta difícil entender que puedes sentirte solo.

La mayoría de la gente se pregunta cómo alguien como Freddie Mercury puede sentirse solitario. Tiene dinero, coches y chófer, lo tiene todo. Puede dar la impresión de que lo tienes todo, y sin embargo no tener nada. Quizá un día me enfrente a mí mismo y entonces será mi perdición. De hecho, a veces ese tipo de soledad es la más difícil de soportar porque a pesar de toda la gente que te rodea, sigues estando solo. ¿Sabes? La soledad no significa sólo estar encerrado en una habitación, sino que también puede ser que estés en un lugar atestado de gente y, sin embargo, ser la persona más solitaria, y eso es lo más doloroso.

Esto suena un poco en plan, «Pobre Freddie, el solitario». ¡Me van a llover las ofertas!

Resulta difícil para la gente que está en mi lugar. Lo más mínimo puede tumbarte. A veces, puedes ser una persona muy fuerte y luchar por las cosas, a pesar de todas las dificultades, pero una pequeñez, y esa pequeña palabra de cuatro letras puede hacerte venir abajo. Pero puedes seguir luchando por ello. Lo he intentado, pero siempre ha salido mal. Me duele mucho y no quiero seguir pasándolo mal. Realmente no lo quiero. Creo que el amor es lo principal, pero el amor puede decepcionarte. Has de ser realmente duro. El amor puede arruinar todo lo que has construido, si se lo permites. Supongo que has de ser una zorra inflexible.

Muchas personas de las que los medios de comunicación dicen que son tan fuertes, en realidad no lo son tanto por dentro. A veces la gente más fuerte puede venirse abajo de repente. Es como hinchar un globo y con un simple pinchazo estalla, ¡booom! Has de ir con mucho cuidado.

Vivo la vida plenamente. Mi instinto sexual es enorme. Duermo con hombres, mujeres, gatos, lo que quieras. ¡Me voy a la cama con lo que sea! Mi cama es tan grande que en ella pueden dormir cómodamente seis personas. Prefiero practicar el sexo sin implicarme, y ha habido veces en que he sido extremadamente promiscuo. Solía ser tan sólo una vieja puta que se levantaba cada mañana, se rascaba la cabeza, y se preguntaba con quién quería follar ese día. Sólo vivía para el sexo. Soy una persona muy sexual, pero ahora soy mucho más exigente de lo que solía ser. También quiero mi trozo de tarta y comérmelo. Quiero tener mi seguridad, pero también quiero tener mi libertad.

Ahora mismo vivo totalmente solo, lo creas o no, y me encanta. Me he deshecho de tres personas que trabajaban para mí y eso es maravilloso. Me asustaba mucho tener que hacerlo, porque pensaba que iba a ofenderles, pero luego pensé: «No, simplemente hazlo». Así que ya lo he hecho. Se han ido. Antes, pensaba que no podría vivir solo, que tenía que haber gente alrededor, pero ahora he descubierto que sí puedo y me gusta.

En estos momentos no hay nadie viviendo conmigo. Tengo una mujer de la limpieza que viene, y que a veces me rompe algún que otro adorno... Si ella hubiera vivido en los tiempos de Luis XIV, hoy ya no quedarían antigüedades. Y Mary también viene y cuida de mí. Suena como si estuviera desconsolado, ¿verdad? Pero a mí me encanta. Me encanta el espacio. Finalmente he creado una especie de espacio para mí mismo.

Junto a Rod Stewart en una
fiesta, en 1975.

Junto a Meat Loaf, en los camerinos del
L.A. Forum (Estados Unidos), en septiembre
de 1982. Queen dieron dos conciertos con las
entradas agotadas en esa sala los días 14 y 15.

Junto al incomparable Billy Connolly en la
presentación en *playback* del disco *Flash Gordon*,
en diciembre de 1980. Y con Gary Numan,
abajo, en el mismo evento.

Junto a Alice Cooper en una
fiesta, en 1977.

Freddie disfrutando del champagne con dos de
sus mejores amigos, Elton John y Peter Straker,
en 1978.

Junto al cantante de Mott The Hoople, Ian Hunter, y al presentador radiofónico Bob Harris, ambos buenos amigos de Queen, durante el *playback* de *A Day At The Races* en los Advision Studios de Londres, en noviembre de 1976.

Junto a la actriz Jane
Seymour en la gala benéfica
Fashion Aid, en el Royal
Albert Hall de Londres,
el 5 de noviembre de 1985.

Junto al inimitable e igualmente pintoresco
Boy George (cantante de Culture Club), por
quien Freddie sentía un gran respeto, en la
misma gala.

Freddie y Cliff Richard en la fiesta Roof Gardens, el 12 de julio de 1986, celebrando el éxito masivo de la gira de *Magic*, y dos conciertos con las entradas agotadas en el estadio de Wembley. Menos de un mes después de que se tomase esta fotografía, Queen darían el que sería su último concierto, en Knebworth Park, Hertfordshire, el 9 de agosto, ¡aunque entonces nadie lo sabía!

Un curioso Freddie junto a una invitada desconocida en una fiesta en Río de Janeiro, Brasil, en enero de 1985.

Junto a Dionne Warwick en los camerinos del festival La Nit, en Barcelona, en octubre de 1988, en el que Freddie y Montserrat Caballé interpretaron canciones de su recién publicado álbum *Barcelona*.

Relajándose en Múnich, en 1985. Durante este período, Queen estaba trabajando en el single «One Vision», inspirado en Bob Geldof, en los estudios Musicland, y, luego, en las sesiones para el álbum que se convirtió en *A Kind Of Magic*. Fue una etapa frenética para la banda, aunque Freddie también encontró tiempo para hablar largamente de nuevo con el escritor David Wigg (partes de esa conversación aparecen en este libro). Además de todo esto, Freddie estaba finalizando por entonces el trabajo de su primer álbum en solitario.

Es esta sensación de ser libre, aunque no quiero decir que antes me sintiera asfixiado.

Si escuchas mi canción «Living On My Own», habla mucho sobre mí. Trata del tema de vivir solo, pero resulta divertido. Hay una parte en el medio en la que canto en plan *scat* y simplemente digo que cuando piensas en alguien como yo, en mi estilo de vida, que tengo que viajar por todo el mundo y vivir en hoteles, eso puede ser una vida muy solitaria. Pero es lo que elegí. Esa canción no trata de gente que vive sola en su apartamento en un sótano, o situaciones similares, trata de *mí* viviendo por mi cuenta. Quiero decir que puedes tener a un montón de gente cuidando de ti, pero al final todo el mundo se va y tú estás en una habitación de hotel solo. Sin embargo, no me quejo. Es una manera diferente de vivir por mi cuenta. La gente que tiene mi éxito también puede sentirse sola y vivir por su cuenta. ¡Sólo digo que vivo por mi cuenta y que lo paso de miedo! ¿Tiene sentido, cariño?

De todos modos, no puedes regodearte en el éxito y luego levantarte una mañana y decir: «No, hoy no quiero ser una superestrella; quiero salir a la calle yo solo». Es imposible: cuando eres una celebridad resulta difícil acercarte a alguien y decirle: «Mira, por dentro soy normal».

En estos momentos estoy muy satisfecho, en términos de felicidad y en términos amorosos. Es algo que tenía que asimilar, lo cual es una completa novedad para mí. Siempre piensas que eso es el objetivo, y quiero luchar por ello. De repente, siento que aquí es donde estoy, y el objetivo es sacar lo mejor de la situación.

Tienes tus ideales en términos amorosos, y siempre pensé que sería de ésta o de otra manera. Lo he intentado muchas veces y no lo he logrado. No puedo ser categórico. He aprendido a enfrentarme a eso. Es una forma de felicidad que tengo que aceptar o dejar. Creo de verdad que ahora estoy bastante satisfecho. Y antes que estar descontento y seguir comiéndome la cabeza con eso, lo cual no va a funcionar, prefiero irme a casa, cerrar esa puerta y seguir adelante.

Me hubiese encantado encontrar una relación realmente bonita con alguien, una relación duradera de tú a tú, pero no creo que vaya a conseguirla en mi vida, y no creo que de hecho pueda estar pendiente de ella ahora. Nunca pareció funcionar. Así es cómo creo que va a ser mi vida, y tengo que conformarme con eso. Si te convences de eso, puedes desahogarte y decir: «¡Joder! Eso no va a ocurrir, así que mejor no complicarse la vida con eso».

Me encanta ser libre. Quiero ser libre como un pájaro. Creo que me he acostumbrado demasiado a eso. Sinceramente, siento que realmente me lo estoy pasando bien, y voy a seguir así. Pero... ¡nunca se sabe! Igual que Elton —creo que tenemos la misma edad, unos cuarenta y pico—, la gente cambia, y de repente quieres echar raíces y tener hijos, igual que hizo él. Creo que él llegó a esa situación más rápido de lo esperado.

Realmente no me veo casado. Nadie se casaría conmigo, queridos..., la dote sería muy grande. Y si quisiera hijos, simplemente, me iría a Harrods y me compraría uno. Allí venden de todo. ¡Sí, eso estaría bien! Iré a Harrods y me compraré uno. ¡Si compras dos, de regalo te dan una niñera!

Nadie quiere compartir su vida conmigo. Es como las viejas historias de Hollywood en las que esas maravillosas actrices no podían seguir adelante con una relación porque sus carreras eran lo primero. Lo mismo sucede conmigo. No puedo detener la rueda ni por un segundo y dedicarme a una relación amorosa, porque se acumularían todo tipo de problemas económicos. La rueda tiene que seguir girando y eso resulta muy duro para cualquiera que viva conmigo y quiera ser feliz. Son las exigencias del éxito, supongo.

No sacrificaría mi carrera si una pareja me pidiese que lo hiciera. Mi carrera es lo que me hace seguir adelante. ¿Qué otra cosa podría hacer? ¿Arrancar las malas hierbas del jardín, engordar y estar maravillosamente enamorado? No, me gustaría seguir teniendo tanto éxito como ahora, escribir canciones bonitas y estar enamorado, aunque eso no haya funcionado hasta ahora. Mi vida privada siempre será errática. Lo seguiré intentando.

No estoy casado con la música, estoy casado con el amor. Puede que no tenga tiempo para ello, pero no estoy casado con él. La música es mi trabajo, es a lo que me dedico. Quizá no sea un trabajo de nueve a cinco, pero es mi trabajo. Veo la música como algo con lo que me gano la vida. Soy un romántico total y estoy casado con el amor y la gente.[15]

Quería una especie de tranquilidad auténtica después de la tormenta. Todo el mundo espera de mí que tenga relaciones tormentosas. Realmente me había creído esa película que habían creado los medios de comunicación, y pensaba que así tenía que vivirla. Siempre pensé que tenía que ser el portavoz, el capitán del barco. Me esforzaba mucho, actuaba para todo el mundo, incluso fuera del escenario y, luego, un día pensé: «No, no tienes por qué hacerlo. Que lo hagan los demás. Limítate a ser tú mismo e intenta ser una persona normal». Pensaba que tenía que interpretar, que tenía que tomar el mando de la situación y todo lo demás allá donde estuviera. Y luego pensé: «No, no tienes que hacerlo. Dejemos que te digan que eres aburrido». Y eso es maravilloso. Así que la gente puede que diga «¡oh, Dios mío, qué aburrido eres!, no dices nada interesante», pero eso ahora me encanta. Digo yo que, si soy aburrido, entonces diviértete tú haciendo otra cosa. ¿Sabes? La gente siempre esperaba que fuera yo el que les entretuviera. Hubo una época en que si alguien decía que yo era aburrido me volvía loco y me ponía de los nervios, pero ahora me encanta.

Sencillamente, pensé: «Mira, descartemos todo eso y empecemos de nuevo. Intenta pensar en ti como si de otra persona diferente se tratara». Y eso no puedes hacerlo a base de parches.

Estoy muy feliz con mi relación en este momento y, sinceramente, no podría pedir nada mejor. Es una especie de... estabilidad. Sí, ésa es una buena palabra. ¡No vamos a llamarlo menopausia! Ahora tengo esta especie de estabilidad. No tengo que luchar tanto. No tengo que demostrarme nada a mí mismo. Tengo una relación muy comprensiva. Suena muy aburrido, pero es maravilloso.

Por fin he encontrado ese rinconcito que he estado buscando toda mi vida, y ningún cabrón de este universo me lo va a estropear.

---

15. En 1984, Freddie conoció a Jim Hutton. Estarían juntos como pareja hasta la muerte de Freddie en noviembre de 1991. (*N. del Ed.*)

7. «Love Of My life»

Sí, me encantaría tener un hijo. Pero preferiría tener otro gato.

Mary es una de mis mejores amigas del mundo. La nuestra es una amistad pura y una amistad de una gran calidad. Es algo instintivo. Mantengo una relación muy estrecha con Mary. Soy más abierto con ella que con nadie más. En el tiempo que hemos estado juntos hemos pasado por muchas cosas, buenas y malas, pero eso ha fortalecido nuestra relación. Sé que a mucha gente le cuesta entender nuestra relación. Otra gente que entre en nuestras vidas, sencillamente, lo tiene que aceptar. Nos queremos mucho y cuidamos el uno del otro. No quiero a nadie más.

Todos mis amantes me preguntaron por qué no podían sustituir a Mary, pero es sencillamente imposible. Mary es mi mujer por derecho consuetudinario. Para mí, *fue* un matrimonio. De todos modos, ¿qué es un matrimonio, algo que firmas? En lo que a nosotros respecta, *estábamos* casados y seguimos adelante tal y como estamos. El matrimonio es un término para *otra* gente. De hecho puedes pasar por todo el proceso sin decir que estás casado. Sólo porque lo diga un papel... No estoy seguro de eso. Es absurdo.

Trato a Mary como mi mujer consuetudinaria y nos llevamos bien. Lo que importa es dónde está el corazón. Estamos felices juntos y no importa lo que piensen los demás. Creemos en nosotros y eso para mí ya es suficiente. Creemos en nosotros, que se joda todo el mundo. Nadie debería decirnos lo que tenemos que hacer. Por lo que a mí respecta, estamos casados. Es algo que te otorga Dios.

Conocí a Mary hacia 1970 y, desde entonces, hemos tenido una relación maravillosa. La conocí en la boutique Biba, en Londres, donde ella trabajaba. Desde que abrió Biba, yo era un incondicional enfermizo de la boutique, mucho antes de que se convirtiera en unos grandes almacenes. Cuando solía ir allí era tan sólo una pequeña boutique.

Teníamos una relación más estrecha que con nadie más, aunque dejamos de vivir juntos después de unos siete años. Nuestra relación sentimental acabó en lágrimas, pero de eso salió un fuerte lazo, y eso es algo que nadie nos puede quitar. Es intocable. La gente siempre me pregunta por el tema del sexo y todo eso, ya desde el principio, pero no podría enamorarme de un hombre de la misma manera que me he enamorado de Mary.

No estoy hecho para tener una familia. Soy demasiado inquieto y muy nervioso para eso. Mary y yo tenemos un buen entendimiento. Ella me da la libertad que necesito. No estoy celoso de sus amantes porque, por supuesto, ella tiene su propia vida, lo mismo que yo. Básicamente, intento asegurarme de que ella sea feliz con quien quiera que esté, y ella intenta hacer lo mismo conmigo. Cuidamos el uno del otro y ésa es una maravillosa forma de quererse.

Con el paso de los años me he vuelto más amargado y no me fío de nadie más, porque me han fallado muchas veces. Sencillamente, ahora no me fío de nadie. Cuanto más subes por la escalera o más amistades haces o más éxito consigues, parece que confías menos en la gente en vez de confiar más. Me resulta duro. Cada vez me resulta más difícil confiar en la gente. A veces pienso, «oh, esta persona seguro que me cae bien», y luego me llevo una buena plancha. Para serte sincero, sólo puedo nombrar a una persona realmente querida con la que puedo abrirme totalmente y sentirme feliz. Con las demás me lo tengo que pensar dos veces. Soy prudente. Quizá lo sea demasiado, pero así son las cosas.

A veces, un buen amigo es mucho más valioso que un amante. Aparte de Mary no tengo ningún amigo de verdad. No creo que lo tenga. Los amigos vienen y van. Pero un amigo *auténtico* para mí tiene que ser muy fuerte para aguantarme. Creo que Mary ha pasado conmigo por todo lo que yo he pasado. Posee la profundidad y las cualidades para adaptarse a mí y hablar conmigo sobre cuestiones muy serias. Incluso aunque ahora no estemos juntos, hablo con ella a menudo por teléfono. Es la única persona en quien puedo pensar. En caso contrario, me las arreglo solo y afronto mis momentos difíciles a mi manera.

Para mí sería suficiente encontrar a unas cuantas personas con quienes tener una estrecha relación, pero intentar conseguir amigos realmente auténticos en este negocio es muy difícil. La gente me dice que son amigos míos, pero nunca estoy seguro. A veces cuando se me acercan demasiado creo que van a destruirme. No lo sé, quizá sea mi manera de ser. Ya lo había dicho antes, pero cuando se me acercan demasiado parece que vayan a pisotearme. Si me muestro tal y como soy parece que me vayan a pisotear. En este momento de mi vida me parece que cada vez hago menos amistades, pero la vida sigue.

Sí, me encantaría tener un hijo. Eso estaría muy bien, pero nunca va a ocurrir. Preferiría tener otro gato. Quizá dentro de unos dos o tres años tenga un sentimiento más enraizado, pero en este momento no, estoy pasando por una etapa en la que quiero descansar. Por primera vez en mi vida estoy muy contento. Quiero ver hasta dónde llega esta situación y *entonces* quizá pueda pensar en cosas como ésa.

He establecido esta estrecha relación con Mary y parece que cada vez es más fuerte. Si me muero antes, voy a dejárselo todo a ella. Nadie más va a sacar un penique, excepto mis gatos. Se lo merecen. Tenía cuatro gatos, pero uno se murió, ¡pobre maldita criatura! Tuvimos que dormirla.

Sólo ha habido dos seres que me han dado tanto amor como yo se lo he dado a ellos: Mary, con quien he tenido una larga relación, y nuestro gato, Jerry.

Puede que yo tenga todos los problemas del mundo, pero tengo a Mary y eso ya me vale. Vive a tan sólo dos minutos de mi casa. Sigo viéndola cada día y le tengo tanto cariño ahora como siempre. La querré hasta mi último suspiro. Seguramente envejeceremos juntos.

8. Sólo soy un cantante con una canción

Era como cuando estás pintando un cuadro y tienes que alejarte para ver qué tal está quedando. Me estaba alejando de Queen y creo que eso supuso un estímulo para todos.

En los primeros tiempos, cuando Queen se formó, mucha gente no paraba de preguntar: «¿Cuándo vas a hacer tu proyecto en solitario?». Pero lo divertido es que Brian llevó a cabo un proyecto en solitario [1983] y Roger dos [1981/1984]. Fui virtualmente el último en hacerlo. Sinceramente, pensaba que todos acabaríamos haciendo discos en solitario mucho antes de lo que lo hemos hecho. Supongo que cuando hacíamos un álbum de Queen era como cuatro proyectos en solitario dentro del seno de la banda. Tenía mi lote de canciones y Brian tenía el suyo, igual que Roger y John, así que era como cuatro pequeños proyectos en solitario trabajando juntos, y luego los juntamos.

Creo que todo artista que está en un grupo quiere hacer alguna vez un proyecto en solitario. Es algo que está en la naturaleza de todo el mundo. Quiero decir que siempre quise hacerlo, pero pienso que la mayoría de la gente pensaba que iba a grabar un disco durante los primeros cinco años, y luego disolvería el grupo. Pero eso no hubiese funcionado de esa manera, porque existen unos celos innatos, y todos hubieran esperado a ver si mi álbum funcionaba mejor que el último álbum de Queen. Ése sería un buen reto, ya que si mi álbum funcionaba muy bien, entonces adoptaríamos la postura de que el siguiente disco de Queen tendría que ser aún mejor.

Siempre tuve ganas de hacer un disco en solitario. Sólo que quería hacerlo en el momento y el lugar oportunos para así poder trabajar debidamente en las canciones que quería hacer antes de ser demasiado mayor.

Hubo una época en que hacíamos giras extensamente. Solíamos hacer giras americanas que duraban tres o cuatro meses y hacia el final era terrible. No me quedaban ganas de salir al escenario nunca más. Si estás tocando las mismas canciones durante tres meses, haciendo la misma rutina, necesitas tiempo para ti, pero entonces nos metíamos en un estudio para hacer un álbum, luego salíamos de gira por el mundo, y luego otra vez a empezar. Ésa era la rutina. No teníamos tiempo para desconectar y virtualmente hicimos eso durante ocho o nueve años. Me empezaba a aburrir mucho, igual que los demás, y necesitaba desconectar y hacer cosas diferentes.

Así que mi disco *Mr. Bad Guy* fue un respiro, una oportunidad de hacer algunas cosas que quería hacer sin los demás. Pero sin duda no suponía la separación de Queen. Era tan sólo una especie de válvula de escape, algo que quería hacer por mi cuenta. Quería escribir una serie de canciones que de hecho aparecieran bajo el nombre de Freddie Mercury, y quería hacer todo aquello que no puedo hacer en el grupo. De hecho, algunas de las canciones que fueron descartadas de los discos de Queen acabaron en mi álbum en solitario, pero son buenas.

Cuando estás haciendo proyectos en solitario eres tu propio jefe, y he descubierto que cuando soy mi jefe completamente, me resulta más fácil. Tomo todas las decisiones y, aunque a veces resulta duro, puedo hacer que las cosas se hagan más rápido. Puedes decir que me creo el ombligo del mundo, puedes decir que me salgo por la tangente, puedes decir lo que quieras, pero básicamente se trata tan sólo de una colección de canciones que quería hacer a *mí* manera... Parezco Frank Sinatra.

Tenía mi cabeza rebosante de ideas y había muchos territorios musicales que quería explorar y que, realmente, no podía explorar con Queen. Quería probar muchas cosas, como ritmos reggae, e hice un par de temas con una orquesta. El resto del grupo me animó a hacerlo. Sinceramente, hubiera preferido que todos los miembros del grupo hubieran tocado en el disco, pero entonces no habría sido un disco en solitario de Freddie Mercury. Si iba a ser un auténtico disco en solitario, ellos tenían que quedarse al margen, eso es todo. Creo que a ellos les hubiera encantado haber tocado en algunos temas, pero entonces se habrían convertido en temas de Queen, por lo que tuve que ejercer un poco de disciplina.

Al principio tenía una idea que consistía en tener a todo tipo de gente famosa en el disco. Había estado un tiempo trabajando con Michael Jackson [1982] y, por esa época, me dijo que colaboraría en uno de los temas. Pero al final fue demasiado tarde, porque es difícil conseguir a esta gente en el momento y el lugar adecuados. Así que cuando llegó el momento de meterme en el estudio, me di cuenta de que yo lo haría todo, por lo que salió al revés de lo que pensaba y acabé decidiendo que, en efecto, quería hacerlo todo yo mismo. Básicamente, los músicos que usé eran músicos de sesión alemanes, que son muy buenos por derecho propio, pero que no son tan famosos como Michael Jackson o Rod Stewart. Sin embargo, estoy contento, porque creo que fue la mejor manera de dar forma a mi primer álbum en solitario.

Puse mi corazón y mi alma en *Mr. Bad Guy*, y creo que es un álbum muy orgánico. Tenía algunas baladas muy conmovedoras, cosas que tenían que ver con la tristeza y el dolor, pero que, al mismo tiempo, eran frívolas e irónicas, porque es mi manera de ser. Creo que las canciones de ese álbum reflejan el estado de mi vida, una selección diversa de estados de ánimo y un amplio espectro de lo que era mi vida.

En lo que se refiere al título, *Mr. Bad Guy*, tiene que ver conmigo. *Mr. Bad Guy* SOY yo. No lo explicaré totalmente, puedes hacer tu propia interpretación.

«There Must Be More To Life Than This» es una canción sobre gente solitaria. Se trata básicamente de otra canción de amor, pero es difícil denominarla así porque también aborda otras cosas. Trata de por qué la gente se mete en tantos problemas. Básicamente va de ese tema, pero no me gusta hablar demasiado de eso. Se trata de una de esas canciones que hacía tiempo que tenía. Resulta que Michael Jackson la escuchó y le gustó, y si lo hubiésemos coordinado la habríamos hecho juntos, pero quería que la canción apareciese en este álbum, así que la hice sin su ayuda. ¡Va a llorar cuando la escuche!

Realmente me gustaban todas las canciones del álbum, pero al final uno de mis temas favoritos era «Love Me Like There's No Tomorrow», por la manera en que salió. Era algo muy personal. La escribí en cinco minutos y todo pareció encajar. Era muy emotiva, muy, muy fuerte. Me encanta ese tema.

Cuando acabé el álbum estaba desesperado por encontrar un título, pero, por lo que a mí respecta, los títulos de lo discos son irrelevantes. Lo que importa es lo que escuchas, no cuál es el título. No juzgues un libro por su portada, aunque aparezca una bonita fotografía de mí. En un principio titulé el LP *Made In Heaven*, y luego lo cambié. Yo no nací en el cielo... ¡Me parece que no llegó a caer ningún rayo de repente!

Quedé satisfecho con el álbum y también con mi voz. Me gusta que suene ronca. Por eso fumo, para conseguir esa voz ronca. Dediqué este disco a los amantes de los gatos de todas partes. ¡Y los demás que se jodan!

Sí, quiero que tenga éxito. Me importaba mucho porque había hecho una obra musical que quería que fuese aceptada de la manera más amplia posible. ¡La gente dijo que si no tenía éxito debería demandar a Warner Brothers! Pero no me preocupaba que no tuviera éxito porque en ese caso me limitaría a hacer otro.

Cuando estaba planeando hacer mi segundo proyecto en solitario, realmente no quería que fuera tan sólo un puñado de canciones. Quería que tuvieran cierto carácter unitario, que el disco fuera algo diferente, que tuviera otro sello que le diese una maldita cohesión. Podría ser cualquier cosa que lo diferenciara de otro aburrido álbum en estudio. No importaba lo buenas que fueran mis canciones, iba a ser otro lote de canciones que pones en una cinta y lo publicas. Así que estaba buscando ideas en esa dirección y, de repente, me vino este nombre maravilloso como una ola de la marea, y se trataba de Montserrat Caballé.

Realmente, fue un estímulo y todos esos clichés. No fue algo premeditado, sino que vino como un cohete disparado del cielo y me cayó encima. Virtualmente se me metió en la cabeza y no pude pensar en nada más. Fue fabuloso. Tenía tantas posibilidades, tanta vida y energía, que en mi opinión no era tan sólo un trabajo más. Estaba absolutamente sobrecogido.

Creo que Montserrat tiene una voz maravillosa, y resulta que lo mencioné en un canal de televisión español y ella lo escuchó. Volví a saber de ella porque me llamó y me dijo: «Hagamos algo juntos». Me quedé completamente atónito. Aunque yo adoraba la ópera, nunca había pensado en cantarla.

Así que volé hasta Barcelona para conocerla. Estaba realmente nervioso. No sabía cómo tenía que comportarme o qué debía decirle. Afortunadamente, me hizo sentir muy cómodo desde el primer momento y me di cuenta de que ambos teníamos el mismo sentido del humor. Me dijo: «¿Cuál es tu número favorito?». Y yo le contesté: «El número uno». Entonces ella dijo: «De ahora en adelante te voy a llamar mi Número Uno». Y yo le contesté: «¡Yo te llamaré mi Súper Diva!». Fue fantástico. Bromea y suelta tacos y no se toma demasiado en serio. Eso realmente me entusiasmó y me sorprendió, porque hasta entonces estaba convencido de que todos los grandes cantantes de ópera eran muy estirados, distantes y bastante intimidantes. Pero Montserrat es maravillosa. Le dije que me encantaba su manera de cantar y que tenía sus discos, y le pregunté si había oído hablar de mí. Me dijo que disfrutaba escuchando mi música y que también tenía discos de Queen en su colección. Incluso pensó que le pediría que cantara algo de rock'n'roll, pero le dije: «No, no, no voy a darte todas esas partes de guitarra de Brian May para que las cantes, ¡eso es lo último que quiero hacer!». Sin embargo, se mostró dispuesta a intentarlo.

No iba a limitarme a conocerla y hablar del tema con ella, porque sencillamente no puedes hacerlo. Pensé que debía traerle alguna idea con la que ella pudiera conectar, en términos musicales, porque intentar explicarle las cosas musicalmente es mucho más difícil. Así que compuse un par de temas con Mike Moran, con su voz en mente, y se los puse. Conectó de manera inmediata, y así fue cómo empezó todo.

Pensaba que sólo haríamos una canción, o un dúo, pero ella dijo: «¡Sólo una canción! ¿Sólo quieres hacer una?». Y yo le dije: «Vamos a ver qué tal nos llevamos y si quieres más música mía...». Y luego ella me preguntó: «¿Cuántas canciones tiene un disco normal de rock'n'roll?». «Diez», le dije. Y ella me contestó: «Bueno, pues entonces hagamos diez canciones». Yo pensé: «Es increíble. Voy a hacer ópera. ¡Fuera el rock'n'-roll!».

Le dije que escribiría las canciones y ella tendría que venir a probarlas. Así que ella repasó su agenda y dijo: «Tengo tres días libres en mayo, eso es todo». Ella pensaba que sencillamente podía venir y hacerlo sin más, así es cómo trabajan ellos, ¿sabes? Tuvo que tenerlo todo preparado, pero sabía que tres días era todo un reto.

Es realmente ridículo cuando lo piensas: ella y yo juntos. Pero si tenemos algo en común musicalmente, no importa qué aspecto tenemos o de dónde proviene ella. Cuando me dijo «¡hagamos un disco!», pensé «Dios mío, ¿qué voy a hacer ahora?», porque no puedes rechazar a la Súper Diva. Pensé que lo mejor sería predicar con el ejemplo. Me alegra haberlo hecho porque fue algo muy diferente. Era totalmente antirock'n'-roll, y algo que realmente requería mucha disciplina.

Lo último que quería era una especie de combinación forzada, y ella fue franca y me dijo: «Mira, me encantaría hacer algo. Somos dos músicos, y si no funciona diremos que no funciona y lo dejaremos correr». Fue un momento realmente decisivo, un auténtico momento clave en mi carrera, porque me ha tratado de tal manera que sigo anonadado. Dios mío, no podía creer que alguien de su clase y su talla, y de su mundo, quisiera hacer un dúo conmigo.

Hubo un estrés añadido, porque se trataba de un riesgo enorme. Era algo que no creo que nadie antes hubiese hecho. Tuve que investigar para tener ciertos conocimientos operísticos, y para asegurarme de que yo usaba su voz de la manera apropiada. Así que me pasé mucho tiempo hablando con ella y escuchando muchos de sus discos para descubrir sus mejores cualidades, y así poder utilizarlas en la música. Quería escuchar lo que podía hacer y utilizar las mejores cualidades en las canciones que estaba escribiendo. Luego tuve que pensar en cómo encajar mi voz con la suya. No tiene sentido tener sólo una canción maravillosa y descubrir que las dos voces no encajan ni funcionan juntas, por lo que realmente has de trabajar el doble de duro. Al conocer a Montserrat aprendí muchas cosas sobre la música, y siento mucho respeto por ella.

No recibí ninguna clase de ópera en absoluto y ya es demasiado tarde para mí para empezar ahora, queridos. De hecho, nunca he tenido ningún tipo de formación académica. Lo he conseguido a base de cantar mucho durante todos estos años. No creo que los cantantes de rock'n'roll tengan ningún tipo de formación, su formación es cantar estando de gira. Mi voz ya ha recibido lo suyo, así que ya es un poco tarde para ir a recibir algún tipo de formación. Quiero decir que ésta es mi voz y eso es todo. Tengo un registro que sube y baja dependiendo del humor que tenga. Pero ésa era la voz que ella quería, ella no quería que imitara a nadie, ¿sabes? Quería mi voz natural.

Sinceramente, creo que la música siguió su propio curso, y yo estaba haciendo canciones que no había hecho nunca antes, el tipo de canciones para que nuestras voces encajaran. Me resultó muy difícil escribirlas y cantarlas, porque todos los registros tenían que ser los adecuados y todas las canciones son dúos. No sabía cómo iban a reaccionar los fans de Queen. Es un poco... *¡estrambótico!* No puedes catalogarlo, ¿verdad? Lo peor que podrían decir es que es una «ópera rock», lo que es muy aburrido.

Con el álbum *Barcelona* tuve un poco más de libertad y de oportunidades para probar algunas de mis locas ideas. Montserrat no paraba de decirme que había descubierto una segunda oportunidad y una nueva libertad. Ésas fueron sus propias palabras, y eso me impactó. Me dijo por teléfono que le encanta la manera en que suenan nuestras voces juntas..., y mi sonrisa se extendía desde el culo hasta los codos, queridos míos. Estaba sentado en casa como si me hubiera tragado el canario, pensando, «¡Oh!, ahora mismo hay mucha gente que quisiera estar en mi lugar».

Montserrat tiene una personalidad increíble y muy cautivadora. Tiene este aire que la hace destacar cuando está en una habitación. He visto a mucha gente así; estrellas del pop, o como quieras denominarles, que de hecho entran en una habitación y se esfuerzan en hacerse notar, pero ella simplemente posee este aire y gracia naturales. La diferencia es realmente increíble, cuando ella entra en una sala capta la atención de la gente simplemente siendo auténtica, y no puedes evitar sentirte fascinado. Así es cómo a la gente de la ópera le gusta tratar a sus divas. Son como diosas.

Es como un sueño, pero al mismo tiempo tampoco iba a estar todo el rato efusivo, de lo contrario no hubiese podido hacer nada. Lo último que ella quería era pasar por encima de mí. Ella también quería una fuerza que la guiara, porque iba a cantar mis canciones. En ese aspecto tenía que ser fuerte, así que en ese álbum me lo curré mucho. Trabajé hasta caerme muerto. Pero Montserrat estuvo absolutamente estupenda. Buena parte de las grabaciones se hicieron teniendo en cuenta su agenda. Es decir, que ella arrasa en todo el mundo cantando en todas partes. Hace una ópera aquí, un recital allí, y con muy poco tiempo libre. Posee una energía asombrosa, es increíble. ¡Me dejó hecho trizas, queridos míos!

Una actuación de Montserrat Caballé es sensacional. Transmite el mismo tipo de emoción que Aretha Franklin. La manera en que interpreta una canción resulta muy natural, y es un auténtico regalo. Fue fantástico cantar con ella en el escenario. ¡Menuda experiencia! Realmente fue un sueño hecho realidad y justo antes de salir al escenario no pude evitar preguntarme si realmente todo esto me estaba ocurriendo a mí. Y aunque sabía que estaba ante una gran oportunidad al hacer algo como eso, me dio un subidón.

Estaba de los nervios, pero ella también. La estaba llevando a mi mundo del rock'n'roll y por eso ella estaba temblando como una hoja, y diciendo: «¿Me aceptarán?». Me preguntó cómo deberíamos hacerlo y le dije: «Oh, simplemente hemos de salir allí y ofrecerles la canción», que es como se hacen los recitales de ópera. Yo también tuve que dominarme de alguna manera. Tenía que recordar que no podía hacer mi número habitual de ballet ni mis saltos ni cabriolas y todo eso. ¡No, simplemente tenía que interpretar la canción con un puto esmoquin —lo cual nunca había hecho antes delante del público— y salir a por todas! Me resultó extraño llevar esmoquin, pero ¿la viste a ella revoloteando por todo el lugar?

La atmósfera era increíble. Fue un palo que mi voz me fallara, porque cuando estábamos a punto de salir a actuar empecé a tener problemas, así que no quería arriesgarme cantando en directo. Es algo muy difícil para mí porque son canciones complejas y además no tuvimos tiempo suficiente para ensayar. Pensamos en hacer algo en directo pero, Dios mío, de verdad, hubiésemos necesitado MU-CHO tiempo para ensayar, semanas y semanas enteras.

Estoy acostumbrado a cantar con Queen, donde me resulta muy fácil esconderme detrás de su poder. Pero aquí, cada nota cuenta y es un tipo de disciplina muy diferente. Puedo hacerlo en un estudio porque puedo repetir las tomas, pero me preguntaba si podría hacerlo en directo, donde lo tienes que hacer de un tirón. Ella está acostumbrada a eso, pero yo no. Nunca he hecho cosas con orquestas, y si mi voz no estaba a la altura la decepcionaría. No quería correr riesgos.

Cuando todo terminó pensé: «He salido de mi terreno para probar esto, y ver cómo ha dado sus frutos es sencillamente maravilloso». No creía que fuese capaz de escribir temas operísticos que le encajaran a una *prima donna* de renombre mundial. Realmente no sabía si sería capaz de cosas como ésa. Pensé, «¿Qué más me queda por hacer?». Es decir, ¡desafío a cualquier otra personalidad viva del rock'n'roll a que haga un dúo con una diva legendaria de la ópera y que sobreviva!

Creo que mi trabajo en solitario seguramente juntó más a Queen y potenció nuestra carrera. No tenía ninguna duda de que Queen regresarían siendo aún más grandes. Tengo una válvula de escape muy buena dentro del seno del grupo, así que no me siento encorsetado de ninguna manera y, por supuesto, no me puedo quejar. Habría sido muy fácil para mí en un momento dado convertirme en un artista solista, porque la tentación estaba ahí. La gente de los medios de comunicación siempre me preguntaba cuándo empezaría mi carrera en solitario. Pero estaba muy feliz con Queen, y por lo tanto no necesitaba darle un empuje a mi ego dejándolos de repente y convirtiéndome en un artista solista. Es algo que me resulta muy tentador, pero ¿por qué tengo que cagarla arruinándolo todo? Me siento fiel al grupo y odiaría fallarles. Eso, para mí, es un precio demasiado alto.

9. Actuación disparatada

Cantar boca abajo con el Royal Ballet fue una sensación maravillosa.

Me gusta el ballet. Es teatro, y ése es el tipo de entretenimiento que me gusta. El público es muy diferente y me gusta ver cómo un intérprete, un artista, se desenvuelve en otras situaciones. Sé que los artistas de rock'n'roll son muy escandalosos, pero eso no significa que no pueda ir a escuchar a alguien como Montserrat Caballé haciendo un recital en Nueva York, cosa que hice, con un silencio absoluto. No tenía micrófono ni nada. Puedes aprender mucho de eso, cómo entrenan, el tipo de iluminación que utilizan, los decorados, de todo se aprende y todo es útil.

Siempre he intentado incorporar esos estilos en mi trabajo, pero decir que se me da muy bien bailar ballet es algo que está totalmente fuera de lugar. ¡No sé una mierda de baile, queridos míos! Hago muchas trampas y soy muy limitado, así que en el escenario intento sacar lo máximo de mis limitaciones. Hice una especie de ballet simulado y sabía que por entonces introducir una pizca de ballet en el rock'n'roll era algo intolerable. ¿Qué iba a decir un animado público de rock'n'roll cuando saliera esta bailarina haciendo cabriolas? Pero pensé: «Cantaré mis canciones con un tutú puesto, no me importa»; porque, básicamente, era una manera de indignar y escandalizar.

Realmente sólo sabía algo de ballet de haberlo visto en televisión, pero siempre disfrutaba con lo que veía. Entonces me hice buen amigo de sir Joseph Lockwood, de la EMI, que también era presidente de la junta directiva del Royal Ballet. Empecé a conocer a gente que estaba metida en el ballet y cada vez me quedé más fascinado por ellos. Finalmente vi bailar a Baryshnikov con el American Ballet Theatre y me quedé absolutamente anonadado, más que con Nureyev, más que con cualquier otro. Lo que quiero decir es que realmente podía volar, y cuando lo vi en el escenario yo estaba tan sobrecogido que me sentí como una *groupie*.

Todo empezó para mí cuando los del Royal Ballet me pidieron bailar con ellos, en 1979, ¡y pensé que estaban locos! Pero al final hice una gala benéfica con ellos. Por lo que recuerdo, es la única vez que alguien del rock'n'roll de hecho se ha aventurado en el mundo del ballet..., un juego en un terreno en el que la mayoría de rockeros se volverían locos.

Después de averiguar lo que aquello implicaba, realmente me asusté, sinceramente. No puedo someterme a una coreografía; soy un negado para eso, de verdad que lo soy. Todo lo que hacen está coreografiado; tienes que aprenderte los pasos y recrearlos cada noche cuando actúas, de lo contrario otras cosas pueden salir mal. Mientras que, en mi terreno, tengo libertad y he aprendido a poder hacer lo que quiera, en cualquier momento dado, dependiendo de cómo me sienta. Así que ésa es la razón por la que al ponerme en ese tipo de contexto con la gente del ballet, y al pedirme que realizara una serie de movimientos, lo encontré excepcionalmente difícil. Dije: «No puedo hacerlo». Supongo que porque me habían visto en directo, automáticamente asumieron que era un bailarín competente.

Aun así, me hicieron ensayar todo tipo de pasos de baile y allí estaba yo en la barra doblando y estirando mis piernas. En unos cuantos días estaba intentando hacer el tipo de cosas que ellos han tardado años en perfeccionar, y déjame que te diga, fue matador. Después de dos días estaba destrozado. Me dolían partes del cuerpo que ni sabía que tenía. Entonces, cuando llegó la noche de la gala, me quedé sorprendido del panorama entre bastidores. Cuando iba a hacer mi entrada, tuve que abrirme paso a través de Merle Park, Anthony Dowell y toda esta gente, diciendo: «Perdonad, salgo ahora». Fue demencial.

Di ese salto tan exótico, caí en brazos de los bailarines, y me llevaron a lo largo del escenario mientras yo seguía cantando. Aún no me creo que hiciera eso. Fue espectacular y la sala enloqueció bastante. No era como Baryshnikov, pero no estuvo mal para un principiante viejo.

Hicimos «Bohemian Rhapsody» y «Crazy Little Thing Called Love», y estuvo bien presentar las canciones de una manera totalmente diferente y descubrir que el público podía aceptarlo. Puse un poco de rock'n'roll en el ballet y para mí fue muy emocionante. Pero también fue algo de lo más angustioso, y no paraba de temblar. Siempre ocurre que cuando estás fuera de tu entorno habitual resulta más duro, pero siempre me han gustado los desafíos. Me gustaría ver a Mick Jagger o a Rod Stewart intentando algo parecido.

Creo que la gente del Royal Ballet también disfrutó, y también les dio la oportunidad de relajarse un poco. No tenían que ajustarse a sus papeles clásicos y les encantó hacer todo eso. De hecho, dijeron que les encantaría venir de gira con Queen para hacer el mismo intercambio pero al revés. Lo harían sin dudarlo, pero creo que hay un momento y un lugar para todo. Por esa época hacíamos un rock'n'roll muy en plan macho y todas esas cosas, y no creo que funcionara.

Lo hice para seguir manteniendo el interés, sinceramente, pero estaba muy contento de lo que hacía con Queen. A los 32 no podías decir de repente: «¡Quiero ser bailarín de ballet!». Por lo menos, ésa es mi excusa.

10. Usaremos lo que haga falta para entusiasmarte

¡Recuerda que nosotros empezamos con la explosión de los vídeos!

«Bohemian Rhapsody» fue uno de los primeros vídeos en conseguir el tipo de atención que tienen los vídeos actualmente, y sólo costó unas 5.000 libras. Ahora es un gran negocio, y es una manera muy buena de promocionarte.

Decidimos hacer una filmación de «Rhapsody» y que la gente lo viera. No sabíamos cómo lo iban a valorar o a recibir. Para nosotros sólo era una variante del teatro. Pero fue una locura, y desde entonces todo el mundo lo ha hecho. En los primeros tiempos hacías un álbum y luego salías de gira justo después, pero, a veces, tardabas cuatro o cinco meses antes de llegar a un país. Nos dimos cuenta de que un vídeo podía llegar a mucha gente en muchos países sin realmente tener que estar allí, y podías publicar un disco y un vídeo simultáneamente. Todo sucedió muy rápido y ayudó mucho a las ventas de discos.

Ahora parece que los vídeos son más importantes que la radio. Es el lado negativo de la MTV. Cada vez que escuchas una canción, automáticamente te imaginas el vídeo. Te metes mucho más en la canción y también tienes una idea de lo que quizá quería transmitir el artista. Pero existe el peligro de que el comprador se lleve una idea equivocada. Antes, cuando escuchabas un tema musical, normalmente tenías que imaginarte tu propia película, pero desde el momento en que haces un vídeo, la gente dice: «Oh, Dios mío, *así* es cómo quiere presentarnos la canción». Y eso realmente limita la imaginación.

Una vez, alguien se me acercó y me dijo que tenía una idea preconcebida de lo que pensaba que yo le estaba diciendo en una canción, pero cuando vio el vídeo dijo que no tenía nada que ver. Dijo que se sentía totalmente perdido con respecto a lo que yo intentaba decir. ¡Ahí lo tienes! No estaba enfadado, pero lo triste es que siempre habrá gente que se vaya a sentir desilusionada por el hecho de que el vídeo no es coherente con la canción en términos de lo que querían ver.

Hoy en día también tienes que mostrar una buena presencia en los vídeos. Has de tener una buena imagen. Creo que una de las mejores bandas que hay es The Police. En mi opinión, han captado lo que significa tener imagen. La tienen, y creo que eso es lo que les dio un empuje cuando empezaron. Me encantan. Son muy buenos.

Míranos a nosotros, mira a David Bowie... *Has* de tener una imagen, pero eso no te hace vender discos siempre. Una imagen poderosa es muy importante para perdurar. Hoy están Boy George y Annie Lennox, y cuando empezamos nosotros estaban Roxy Music y David Bowie, y muchos otros. Era una imagen muy potente para la época. Piensa en lo que empezaron los Beatles en su época. Lo que quiero decir es que tener entonces ese tipo de peinado y esa imagen suponía el mismo tipo de impacto. Sólo que se trataba de una época y una perspectiva diferentes.

De hecho, los vídeos promocionales quizá ayuden a componer canciones. Creo que será muy común que la gente empiece a grabar, incluso a componer, con el vídeo en mente, lo cual es maravilloso. Es otra dimensión.

Muchas veces la gente hace vídeos y espera que los músicos adopten un cierto papel, y entonces es cuando todo se hunde. Ha habido muchas veces en las que nos hemos escapado de eso. Si vas a meterte en algún pequeño papel, tienes que hacerlo realmente bien, de lo contrario acaba siendo un error garrafal. Has de tener mucho cuidado.

Creo que «I Want To Break Free» [1984] funciona debido al elemento de diversión y de comedia. Es muy absurdo. No recuerdo ningún otro vídeo en el que los cuatro protagonistas, como en este caso, estén de hecho haciendo una auténtica comedia vestidos de mujer. A menudo, Queen da una impresión muy seria, cuando de hecho hay mucha ironía que la gente no capta. La habilidad musical siempre la hemos tenido y, en el fondo, siempre hemos sido divertidos, pero quizá eso no se transmite en nuestras canciones, ni en directo cuando somos muy agresivos. El elemento humorístico siempre pasa desapercibido. Ese vídeo fue una buena manera de mostrar esa faceta nuestra, y creo que nos las arreglamos bastante bien.

Me moría de ganas de vestirme de mujer. ¿No le pasa a todo el mundo? Era una de esas cosas que siempre quieres hacer. Estoy convencido de que todo el mundo pensó que fue idea mía, pero de hecho no fue idea mía en absoluto. Fue idea de Roger, y la verdad es que los otros tres *corrieron* veloces a por sus vestidos de mujer. Es obvio que eso es algo que yo haría, pero debido a que fue idea suya salió mucho mejor. Si hubiera sido mía, hubiera resultado mucho más difícil para ellos aceptar el papel, y no creo que hubiera funcionado.

No fue algo sacado literalmente de *Coronation Street*,[16] simplemente nos inspiramos en esa época. Pero si alguien nos hubiera juntado y nos hubiera asignado un nombre, bueno, entonces supongo que yo sería Bet Lynch. De hecho, pensé que yo era más Finella Fielding, para serte sincero. De verdad, esa peluca era espléndida. Era Finella, aunque me gusta Bet Lynch. Es una de mis favoritas, además de Hilda Ogden, por supuesto.

Creo que es uno de nuestros mejores vídeos hasta la fecha. De hecho, cada vez que lo veo me río bastante, y lo he visto un montón de veces. Estoy contento de haberlo hecho. La gente se quedó bastante pasmada por el hecho de que pudiéramos hacer el tonto, vestirnos de mujer y seguir siendo buenos músicos. En América no lo aceptaron tan bien porque allí aún nos consideraban una banda de heavy rock, todo eso en plan macho. Reaccionaron en plan: «¿Qué hacen mis ídolos vestidos con ropa de mujer?». En la mayoría de las cosas que hacemos hay

---

16. *Coronation Street:* culebrón británico que empezó a emitirse en 1960 y que después de 47 años todavía sigue en antena. (*N. del T.*)

un gran elemento de riesgo, y creo que nuestros fans más acérrimos sabrán que podemos salir con todo tipo de cosas ridículas. Algunas funcionarán, y otras no, pero creo que el resto del grupo estará de acuerdo conmigo en esto... que nos importa un bledo. Hacemos lo que nos da la gana, y o bien se acepta o no.

En cuanto a los vídeos, me gusta pasarlo bien al hacerlos. Si te lo pasas bien, eso se transmite y el público conecta con eso. En esencia soy yo pasándomelo bien. No puedo limitarme a estar sentado en una silla tejiendo una blusa, o lo que sea, tengo que pasar por todas estas escenas horribles y cosas que tratan sobre mí. Así que son partes de mi vida en imágenes de manera divertida.

«I Was Born To Love You» [1985] trata básicamente de mí retozando por casa.

Eso es lo que hago cada noche, así que todo salió con mucha facilidad. El baile es bastante fuerte y algunas de las escenas eliminadas aún son más fuertes que las partes que se ven. La idea en esa historia era que tenía que abofetear bien a esa chica y todo eso, pero yo me limitaba a seguir el guión y ella consideró que no podía interpretar esas escenas. De hecho, tenía que golpearla y darle patadas como es debido y tirarla por ahí para que así ella viniese a por mí y resultara creíble. Cuando vimos lo filmado me di cuenta de que no podía mostrar eso en mi vídeo, ya que nadie iba a emitirlo, por lo que sólo utilizamos pequeños fragmentos, pero incluso la MTV consideró que era demasiado fuerte.

Buena parte de ese vídeo está rodado en un decorado donde salgo yo delante de estas imágenes reflejadas en espejos que iban a aparecer estáticas. Entonces, de repente, pensé: «¿Por qué no ponemos a gente detrás de las imágenes, hacemos que las agiten un poco y vemos qué efecto conseguimos?». Fue una manera muy barata de conseguir el efecto, pero a veces estas cosas resultan ser lo mejor en el momento oportuno. Así que, de hecho, eso no estaba escrito en el guión. Al principio queríamos imágenes estáticas de mí, pero entonces, de repente, se veían estos reflejos al fondo, y funcionó.

Con «I'm Going Slightly Mad» [1991] quería hacer un vídeo tan memorable como fuera posible. Siempre he querido aparecer en un vídeo con un gorila y un grupo de pingüinos. ¡Se requería un poco de la locura de Queen!

Buena parte de lo que hago es fingir. Es como actuar... Salgo al escenario y finjo ser un *macho man* y todo eso. Creo que «The Great Pretender» (El gran farsante) es un título fantástico para lo que hago, ¡porque yo *soy* El Gran Farsante! Siempre la he tenido en la cabeza y siempre he querido hacer una versión de esa canción. Me metí en el estudio [en 1987], hice varias pruebas, y me gustó. Mi voz encajaba muy bien, y es una gran canción para cantar. Y en mis vídeos interpreto todos los diversos personajes y vuelvo a fingir.

Siempre he creído que, al final, en lo que a vídeos se refiere, no importa lo buena que sea tu imagen, la canción también ha de ser buena. La canción ha de ser buena porque es lo que la gente compra. No compra siempre la imagen, porque de hecho sólo haces todo eso para vender la canción. Sólo puedes engañar al público hasta cierto punto.

Creo que Boy George tiene una gran imagen, pero no importa lo buena que sea tu imagen o lo maravilloso que sea el vídeo, si las canciones no fueran buenas no se venderían. Incluso si llevara una tetera en su cabeza, cosa que sigue diciendo que hará, no importaría.

11. Tu voz penetra en mí [17]

No voy follándome a las estrellas. ¿Cómo puedo ir follándome a las estrellas? ¡Yo soy una estrella!

Escucho todo tipo de música, desde Jimi Hendrix y George Michael, hasta Liza Minnelli y Aretha Franklin, incluso Mae West.

Jimi Hendrix era un hombre guapo, un *showman* consumado y un músico entregado. Cruzaba el país para verle siempre que tocaba porque realmente tenía todo lo que debería tener cualquier estrella del rock'n'roll: toda la clase y la presencia. No tenía que forzar nada. Simplemente salía al escenario y toda la sala se volvía loca. Encarnaba todo lo que yo quería ser.

Creo que en el escenario o tienes magia o no la tienes, y de ninguna manera puedes desarrollar ese don si no lo tienes. Liza Minnelli rebosa talento puro. Tiene una gran energía que transmite desde el escenario, y la manera en que se da al público es una buena influencia. Se puede aprender mucho de ella.

Diría que Led Zeppelin son los más grandes, y Robert Plant es uno de los cantantes más originales de nuestra época. Como banda de rock se merecen la clase de éxito que tienen.

Adoro a la reina del soul, Aretha Franklin, por encima de otras cantantes. Seguramente debe tener una de las mejores voces que ha habido *jamás* y canta de maravilla. Ojalá pudiera cantar la mitad de bien que ella. Es muy natural y pone toda su

17. En castellano en el original. *(N. del T.)*

emoción en lo que canta. Cada palabra que canta está llena de significado y expresión. Podría escucharla siempre.

De hecho, me encantaría que Aretha cantara «Somebody To Love». Eso estaría muy bien. Y en cuanto a que yo intentara cantar con ella, bueno, ¡aún no se ha puesto en contacto conmigo!

Me vuelve loco pensar que George Michael hizo un dúo con ella. ¡Yo podría haberlo hecho mejor! Pero ¿sabes qué? A pesar de lo que he dicho, creo que George Michael también tiene una voz muy buena. Es uno de los cantantes que más me gustan.

También me gustaban Tears For Fears, porque componían música con la que conectaba. Tenían mucho ritmo y al mismo tiempo mucha agresividad. Flo & Eddie eran sencillamente un desmadre, me gustaban. Me gusta muchísimo Joni Mitchell, y me impresiona mucho su fraseo vocal, así como por las cosas tan increíbles que escribe. Frankie Goes To Hollywood eran una banda estupenda, igual que Spandau Ballet, ¡mientras que Barbara Valentine me fascinaba porque tiene unas tetas estupendas!

Creo que Human League es una de las mejores bandas actuales, y The Police creo que son muy buenos. Es una banda excelente y tienen los ingredientes necesarios. Sin embargo, no me gustaban los Thompson Twins. No sé exactamente por qué, son cosas que ocurren.

Estaría muy bien ver una mayor influencia de bandas británicas triunfando en América como en otros tiempos. Creo que hoy en día las bandas surgen a un ritmo acelerado y luego se esfuman igual de rápido, lo cual es un poco triste. Algunas de las nuevas bandas parece que quieran triunfar muy rápido, y creo que lo hacen de la noche a la mañana. Pero no se dan cuenta de que después de haber conquistado Gran Bretaña, para tener un éxito internacional también tienes que sudar tinta en América. Quizá seas el número uno en Gran Bretaña y te creas el más listo allí, pero seguramente ni siquiera hayan oído hablar de ti en América.

Creo que, actualmente, los niveles de música y competitividad son muy altos, pero eso me gusta, de lo contrario la gente como yo acabaríamos muy pagados de nosotros mismos. Cada dos años hay un proceso de selección y las bandas realmente buenas permanecen, y toda la basura se queda atrás. Eso ocurre siempre. Pero si me preguntas cómo va a ser todo esto en el futuro, nadie te lo puede decir.

Boy George tiene un gran talento. Me gusta mucho. Nos hicimos buenos amigos. Ese muchacho es muy valiente, hizo mucho para que la sociedad se volviera más tolerante en cuanto a las preferencias sexuales. Cuando empecé, todas las bandas de rock llevaban pantalones vaqueros sucios, y luego, de repente, allí estaba yo con ropa de mujer de Zandra Rhodes y maquillaje. Era totalmente escandaloso. Boy George simplemente puso al día todo el tema del glam rock, pero lo hizo a su propia manera. Tiene aguante, lo cual es un ingrediente importante que conviene tener. Creo que seguirá durante mucho tiempo. Siempre puedes saber cuándo alguien va a durar, y George va a durar. Mucha gente desaparece debido a la presión del público a la que se está expuesto, pero lo único que sé es que George adora la publicidad. Simplemente quiere publicidad a toda costa e incluso parece crecerse ante la publicidad negativa. Bueno, ése es su juego, y espero que le vaya bien.

Tengo amigos en la industria musical y me gusta estar con ellos de vez en cuando, pero no dejo de hacer mis cosas para acudir a todas las fiestas simplemente para que me vean. No, no, no. ¡Dios mío, no! Hubo una época en la que solía hacerlo porque formaba parte del aprendizaje de esta profesión, y tienes que pasar por todo eso. Mentirías si dijeras que no lo harías.

Cuando empiezas quieres ser una estrella, así que te interesa que te asocien con estrellas más grandes. Es un proceso de crecimiento por el que se tiene que pasar. Pero descubrí que puede resultar algo vacío, puede ser cruel, y puede estar podrido. Aprendes de tus errores, pero depende de ti optar por no hacerlo o simplemente seguir adelante con eso hasta que te quemas. Es algo que no iba conmigo, y aprendí que hay otras cosas en la vida aparte de que te vean con una súper estrella en cada brazo.

De todas maneras, eso nunca se me ha dado demasiado bien. Cuando me presentaron al príncipe Andrés yo llevaba una bufanda blanca y tenía una copa de vino en la mano. Estaba tan nervioso que no me di cuenta de que estaba empapando la bufanda en la copa. Y allí estaba yo, intentando aparentar que no pasaba nada y de repente el príncipe me dijo: «Freddie, no creo

que quieras de veras que se te moje esto». Y escurrió la bufanda,
y eso rompió el hielo entre nosotros. Dije: «Gracias a Dios que
me has tranquilizado... Ahora ya puedo empezar a hablar sol-
tando tacos». Entonces ambos estallamos en carcajadas. Realmente, él sabía estar a la altura de las circunstancias, e incluso
bailamos. Es muy enrollado en situaciones así; y yo tengo un
enorme respeto por la realeza. Soy un gran patriota.

Me siento muy cercano a mucha gente, como David Bowie
y Elton John. Elton es un gran viejo listillo, ¿verdad? Lo quiero
a morir y creo que es fabuloso. Para mí, él es como una de esas
últimas actrices de Hollywwod que tanto valen. Ha sido un pio-
nero del rock'n'roll. La primera vez que me lo encontré estuvo
maravilloso, una de esas personas con la que te llevas bien de
inmediato. Dijo que le gustaba «Killer Queen», y cualquiera
que diga eso ya pertenece a mi lista de amistades. ¡Mi lista negra está que revienta!

Hace tiempo, Rod Stewart, Elton John y yo íbamos a formar un grupo llamado Hair, Nose and Teeth, por nuestros ras-
gos físicos.[18] Nos habíamos reunido de vez en cuando en fiestas
o cenas, y simplemente pensamos que debíamos cantar juntos.
Pero creo que meter a tres personas como nosotros en un estudio sería como lanzar una bomba y esperar a que explotara.
Está muy bien cuando has bebido mucho vino y hablas de eso
y dices «sí, hagámoslo», pero al día siguiente, cuando estás so-
brio y Elton dice «no voy a cantar con Rod», y Rod dice «no
voy a cantar con Freddie», y yo digo «¡bueno, no voy a cantar
con Elton!», entonces, te das cuenta de que nunca va a ocurrir.
¡Además, ninguno de nuestros egos podría ponerse de acuerdo
en el orden de las palabras! Naturalmente, yo querría llamar al
grupo Teeth, Nose and Hair, y los otros querrían llamarlo empezando por su atributo físico. ¡Así son las cosas! Pero si alguna
vez surge la ocasión, me compraré el disco.

Les tengo mucho cariño a Rod y Elton. Ambos vinieron a mi
última fiesta de cumpleaños y cantaron cumpleaños feliz cuando

---

18. Hair, Nose and Teeth: literalmente, «cabello, nariz y dientes», haciendo referencia al cabello de Rod Stewart, la nariz de Elton John y los dientes de Freddie Mercury.
(N. del T.)

«Conseguir juntar algunas de las mayores estrellas del mundo en este acontecimiento es toda una proeza. El directo Live Aid va a ser un caos. Va a haber mucha fricción, y todos vamos a intentar superar a los demás. Sencillamente, vamos a salir allí y vamos a tocar.» Freddie llegó, cantó, actuó y venció. Como señaló Brian May acertadamente: «Fue el mejor momento de Freddie». (13 de julio de 1985.)

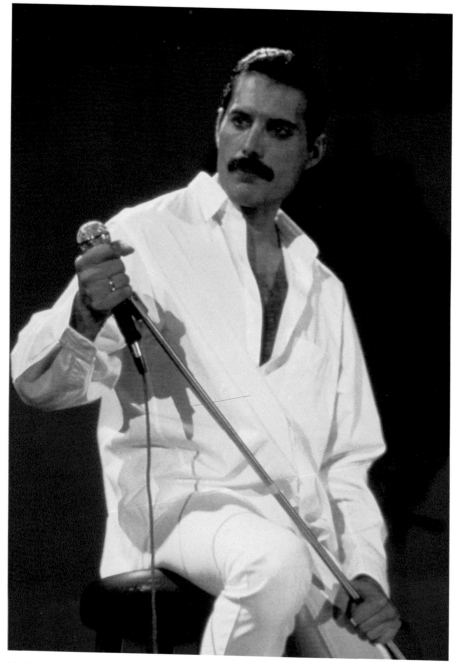

Mucha gente se olvida de que Queen no apareció una, sino dos veces en Live Aid. Tras haber acaparado el concierto antes, por la tarde, con un arrebatador *medley* de éxitos de 20 minutos, Freddie volvió al escenario junto a Brian May justo antes del final para interpretar una emotiva versión de «Is This The World We Created», la canción que escribieron juntos. «Just look at all those hungry mouths we have to feed. Take a look at all the suffering we breed. So many lonely faces scattered all around, searching for what they need» («Sólo mira todas esas bocas hambrientas que tenemos que alimentar. Echa un vistazo a todo el sufrimiento que hemos engendrado. Tantas caras solitarias esparcidas por todas partes, buscando aquello que necesitan»).

Un bonito momento captado para la posteridad:
Freddie con el fotógrafo David Bailey entre
bastidores en Live Aid, y con Elton John en
el mismo lugar... ¡Dos leyendas juntas!

Freddie y David Bowie
conversan entre bastidores en
Live Aid, julio de 1985.

Con Brian May en Budapest, durante la última
gira de Queen, en 1986. Ambos están
ensayando la canción de folk húngara que
interpretarían juntos en un único concierto
ofrecido en el Nepstadion el 27 de julio.

Al final, Freddie cantó el tema en húngaro,
leyendo con una nota en la mano, y el público
enloqueció. El detalle de Queen fue muy
apreciado.

Una imagen poco frecuente. En los Musicland Studios, en Múnich, Freddie se entrega totalmente, como siempre, en otra interpretación, esta vez durante la grabación de «One Vision».

Relajándose en el estudio de Múnich y, por una vez, sin estar inmerso en el juego del Scrabble, Freddie no puede esconderse de la cámara.
En esa época se estaba rodando un documental sobre la banda, de ahí la reticente permisividad respecto a la presencia de un equipo de cámaras durante una grabación de Queen.
Normalmente, el grupo trabajaba en estricta privacidad, sólo ellos cuatro y el productor/ingeniero.

Arriba, discutiendo las partes intrincadas de
guitarra de «One Vision», Brian y Freddie
producen su magia particular ¡y pronto dan en
el clavo! Fragmentos de este encuentro
fascinante pueden verse en el documental
de Queen *Magic Years* (editado en 1987).
Debajo, esforzándose todavía para conseguir la
perfección en «One Vision», Freddie y Roger
discuten a fondo.

Durante el rodaje del vídeo promocional de
«I Was Born To Love You», en 1985. Freddie,
entre los espejos brillantes que él mismo
diseñó, se mete de lleno en la interpretación.

Al igual que con otras grandes canciones épicas
de Queen y Freddie, este vídeo fue dirigido por
David Mallet.

entró el pastel. Yo exclamé: «¡Seguramente ésta es la primera vez que vosotros dos habéis cantado sin que os paguen por ello!».

Cuando estuvimos en Los Ángeles trabajando en el álbum de Queen *The Works*, Rod estaba en la ciudad, y vino y empezamos a improvisar. Cantó en una canción que había escrito.[19] Todo se hizo de manera improvisada, de la misma manera que David Bowie y Queen hicimos «Under Pressure». Simplemente entró en el estudio y estuvimos jugando un poco, y el tema fue creciendo y finalmente se convirtió en una canción. O sea que estas cosas no se pueden planear, porque si lo intentaras nunca sucederían.

Creo que los demás miembros de Queen estarían de acuerdo en que debido a que hemos estado trabajando juntos tanto tiempo, ahora ya nos conocemos de manera instintiva. Incluso escribo canciones pensando específicamente en Queen. Sé exactamente de lo que es capaz el bajista, y el guitarrista y el batería, y todo eso. Pero cuando trabajas con otro artista consagrado, como cuando hicimos nuestro tema con David Bowie, estás trabajando desde el principio, y eso es un gran desafío. No sabes en qué dirección componer, no sabes qué tipo de agresividad vas a conseguir, qué tipo de cumplido te van a hacer, qué tipo de compenetración vas a conseguir. Así que, cuando estás trabajando con otra gente, la mejor manera es simplemente entrar allí y hacerlo. Si se enciende la mecha, ya lo tienes, de lo contrario mejor que te olvides del tema.

Siempre estoy interesado en trabajar con otros músicos, gente como Michael Jackson. Aunque me preocupa. ¡Todo ese dinero y sin gusto alguno, queridos míos! ¡Menudo desperdicio! Teníamos tres temas a medio hacer, pero desgraciadamente nunca los terminamos. Eran canciones estupendas pero el problema era el tiempo, ya que ambos estábamos muy ocupados en esa época. Parecía que nunca estuviéramos en el mismo país el tiempo suficiente como para terminarlo todo completamente. Una de las canciones se titulaba «State Of Shock», y Michael incluso me llamó para pedirme si podía acabarla, pero

---

19. Esta canción acabó titulándose «Let Me Live» y apareció en el último álbum de Queen, *Made In Heaven*, en 1985, sin la voz de Rod Stewart. *(N. del Ed.)*

no podía porque tenía compromisos con Queen. Mick Jagger fue quien se quedó los temas. Fue una pena, pero, en última instancia, una canción es una canción. Mientras quede la amistad, eso es lo que importa. Me gustaría publicar algo con Michael Jackson, porque realmente es una persona maravillosa con la que trabajar. Ha sido amigo nuestro durante mucho tiempo. Solía venir siempre a ver nuestros conciertos, y así es cómo se consolidó nuestra amistad. Estábamos interesados en nuestros estilos respectivos. Habitualmente le ponía el nuevo álbum de Queen cuando estaba acabado y él solía ponerme su material. Seguíamos diciendo: «¿Por qué no hacemos algo juntos?».

Piénsalo, podría haber participado en *Thriller*. ¡Piensa en los derechos de autor que me he perdido!

Michael y yo nos distanciamos un poco después de su enorme éxito con *Thriller* [1983]. Simplemente se refugió en su propio mundo. Solíamos pasarlo muy bien yendo a clubes juntos, pero ahora él no sale de su fortaleza, y eso es muy triste. Está tan preocupado por lo que pueda hacerle alguien que se ha vuelto paranoico con respecto a todo. Yo también me preocupo, pero nunca dejaré que eso se apodere de mi vida de esa manera.

Es lo más grande en términos de ventas, y eso supone un tipo de presión muy diferente, porque se le ha señalado como el mejor. Eso es duro de aceptar, incluso para mí. Creo que él es un enigma, y eso le convierte en un regalo divino para los medios de comunicación, porque pueden escribir lo que quieran sobre él, ya que todo encaja. Es muy tímido y todo lo que puedo decir es que en la época en que le conocí era un tipo muy simpático y encantador, y con mucho talento. Eso es todo.

Tengo mis amistades y no me importa de dónde vengan o lo que hagan para ganarse la vida. No digo que mis amigos tengan que ser músicos, ya que disfruto de la compañía de todo tipo de personas. No tenemos por qué hablar de música, simplemente me gusta la gente interesante que tiene más cosas de las que hablar, no sólo de música. Puedo hablar de todo tipo de cosas, como marranadas y obscenidades.

Creo que me llevo bien con la mayoría de la gente. Estoy seguro de que incluso me llevaría bien con King Kong. Tenemos la misma edad. ¿Sabes? ¡He escalado edificios más altos!

12. Un hombre, un objetivo, una visión

Supongo que eso es lo que es Bob Geldof ahora mismo, la Madre Teresa del rock'n'roll.

Creo que Live Aid es una muy buena causa. Ya hemos participado antes en actos benéficos —todos lo hemos hecho por separado antes, estoy seguro—, pero éste es un esfuerzo inmenso, un esfuerzo colectivo en el que todos nosotros trabajamos juntos.

Creo que Bob Geldof ha hecho algo maravilloso al encender la mecha. Estoy convencido de que todos teníamos esa idea dentro, pero hizo falta alguien como él para llevarlo adelante. Es como la fuerza motriz que ha logrado juntarnos a todos. Conseguir juntar a algunas de las estrellas más grandes en un evento es toda una proeza.

Cuando vi por primera vez el reportaje televisivo me dejó tan afectado que no podía soportar seguir mirándolo. Tuve que apagar el televisor. No me gusta pensar mucho en ello. Sé que el problema está allí. Estás sentado y piensas: «Bueno, ¿qué puedo hacer yo?». A menos que creas que eres la Madre Teresa del rock'n'roll y de repente puedas salir de estampía y organizar algo. Supongo que eso es lo que es Bob Geldof ahora mismo, la Madre Teresa del rock'n'roll.

Nunca me he sentido culpable por ser rico, y no tenía esos sentimientos cuando decidí actuar en Live Aid. Lo que sentí fue una pena inmensa y un disgusto enorme al saber que algo así estaba sucediendo en nuestro mundo, y durante un tiempo me sentí muy, muy impotente. La idea de este concierto es que la gente se despierte por el tema del hambre, que todo el mundo se percate de lo que está ocurriendo, y hacer algo positivo que esperemos anime a la gente a rascarse los bolsillos.

No tienes por qué identificarte con la pobreza a ese nivel para dar dinero o ayudar a la gente. ¿Por qué deberías hacerlo? A veces las cosas sí son blancas o negras. Algunas personas tienen dinero y quieren ayudar a los necesitados.

No creo que la gente debiera pensar en si los británicos estamos ayudando a África o «¿Por qué no miramos primero los problemas que tenemos en casa?». Creo que algo tan importante como esto debería ser universal. No deberíamos hacer ningún tipo de paralelismo. No deberíamos contemplarlo en términos de nosotros y ellos. Debería ser un problema de todos. Creo que cuando la gente se muere de hambre, todos somos humanos y deberíamos vernos como una unidad.

Soy una persona bastante generosa. Si puedo hacer algo, aunque sea modesto, lo haré. En términos monetarios, tengo suficiente. No temo dárselo a otra gente, siempre que llegue a los lugares correctos.

Es un poco como cuando hice lo del ballet para la causa Save the Children. Y también recuerdo que hubo una gala benéfica en la que se tocaron canciones de Queen en el Albert Hall, en beneficio de la investigación de la leucemia, y acudió un miembro de la realeza. Recuerdo que tocamos el primer tema, luego creo que los Beatles hicieron la segunda, y McCartney también acudió, y la Reina. Y Joan Collins cantó «Imagine», ¡lo cual fue espantoso, por lo visto!

Me hubiese encantado estar en la grabación original de Band Aid, y haber podido participar también, pero me enteré cuando estábamos en Alemania. Y no sé si me hubiesen aceptado en el disco, de todas maneras. Soy un poco viejo. Y luego cuando salió el disco americano, la manera en que encajaron todas esas estrellas, bueno, eso fue espléndido. Creo que de ahí surgió el efecto bola de nieve y se acabó montando el concierto de Live Aid, lo cual está muy bien. Y, de hecho, luego Bob llamó a Brian y el tema salió adelante. Creo que pensamos que no debíamos quedarnos al margen.

Queen parece que siempre está en varios lugares del planeta, así que esta vez, al estar en el país y el momento adecuados, hicimos un esfuerzo para decir: «Muy bien, vamos a asegurarnos de que en esta fecha (13 de julio de 1985) estamos disponibles». Tenemos ganas de hacerlo.

Live Aid va a ser un caos. Tiene que serlo. Lo que quiero decir es que no somos todos chavales que se comporten de manera maravillosa, ¿verdad? De hecho, ésa va a ser la mejor parte. Muchas fricciones, y todos vamos a intentar superarnos unos a otros.

Simplemente vamos a salir allí y tocar. Vamos a tocar nuestras mejores canciones. Ahora mismo aún no hemos decidido cuáles, pero creo que vamos a tocar fragmentos de «Rhapsody» y «Champions». La idea no es presentar material nuevo ni nada parecido. No..., como te ganas al público es con tu material más conocido.

Brian y yo estuvimos pensando sobre el tema de la pobreza en el mundo y de ahí surgió «Is This The World We Created». Creo que de hecho vamos a tocarla para Live Aid como algo especial, justo al final. Y lo gracioso es que ya estaba escrita antes, pero parece que encaja muy bien.

Es muy extraño, pero compusimos esa canción en concreto mucho antes del proyecto de Live Aid. Era una canción que escribimos acerca el sufrimiento y el hambre de los niños en todo el mundo, y encajaba tan bien en esa situación que decidimos que era una canción que íbamos a tocar seguro.

Te lo digo, en lo que respecta a ese dúo, «Is This The World We Created», es una parte integral de lo que está ocurriendo, y la canción parece transmitir mucho de lo que trata este evento. Creo que seguramente me hará saltar las lágrimas cuando la toquemos. Voy a asegurarme de que la interpreto como es debido.

Es increíble, la primera frase dice: «Sólo mira todas esas bocas hambrientas que tenemos que alimentar» [«Just look at all those hungry mouths we have to feed»]. No me lo puedo creer. Es como si alguien de hecho nos hubiera pedido que escribiéramos una canción de cara a este evento, pero ya teníamos una. De hecho, fue idea de Jim Beach. Se le ocurrió a Jim. Y resulta que ya la teníamos, estaba escrita entera, y por eso nos han otorgado una atención especial.

Queremos interpretar todas las canciones que la gente conoce y con las que se puede identificar. El concierto quizá ha surgido debido a una terrible tragedia humana, pero queremos que sea una ocasión alegre. No es algo promocional.

Para ser sinceros, afrontémoslo, todas las estrellas de rock queremos estar en primer plano y esto nos va a promocionar. Seamos abiertos con este tema. De acuerdo, estamos para ayudar, pero desde otro punto de vista va a haber un público a escala mundial, va a ser una emisión simultánea en todo el mundo. Ésa es la razón por la que estamos aquí, no hemos de olvidarlo. Dudo que haya un solo artista que participe y que no sea consciente del hecho. O sea, que eso también hay que tenerlo en cuenta.

No creo que lo haga por un sentimiento de culpa. Incluso aunque no lo hiciera, la pobreza seguiría allí. Es algo que siempre estará allí. Haremos todo lo que podamos para ayudar porque es algo maravilloso. Pero en lo que a mí respecta, lo hago por orgullo. Es algo de lo que estar orgulloso —el hecho de estar con todos los grandes, todas las grandes estrellas—, y puedo hacer algo que merezca la pena. Sí, estoy orgulloso por encima de todo.

A veces te sientes impotente, y creo que ésta es mi manera de demostrar que puedo aportar mi grano de arena. Y no quiero hablar más del asunto.

13. Para mí, ésta es la única vida

La gente se muestra aprensiva cuando me conoce, ya que piensan que me los voy a comer. Pero por dentro soy bastante tímido, y muy poca gente sabe cómo soy realmente.

Recuerdo que hubo una época en los primeros tiempos en los que naturalmente quería que la gente me observase, y por lo tanto te vistes de acuerdo con esa idea. Llevaba ropa de Zandra Rhodes y me pintaba las uñas de negro, y llevaba maquillaje y cabello largo. Llevaba blusas de mujer y entonces entraba en una habitación dando un portazo. Ésa es la manera de entrar en los sitios, y es algo que puedes hacer. Esas cosas las puedes hacer si estás en esa situación. Y ahora, tras haber pasado por muchas cosas, quiero mi privacidad.

Odio mezclarme con muchas personalidades del mundillo musical. Podría emular a Rod Stewart y juntarme con ese gentío, pero quiero mantenerme al margen. No soy una de esas personas a las que les gusta hacer ruedas de prensa, porque ante todo quiero mantener mi vida privada al margen. En los primeros tiempos solía gustarme que me reconocieran, pero ahora no. Cuando no estoy en Queen quiero ser un hombre corriente de la calle.

Hay ocasiones en las que me levanto por la mañana y pienso: «¡Dios mío, ojalá hoy no fuera Freddie Mercury!». Me guste o no, estoy expuesto a los ojos del público, pero no quiero que todo lo que haga sea de dominio público. Soy Virgo, soy como Greta Garbo, quiero que me dejen en paz. Soy un tanto solitario, pero no es algo premeditado. Me gusta estar solo y encerrarme con mis amigos, pero odiaría estar en una isla desierta. Lo detestaría. Me gusta estar con gente, pero me gusta tenerla en *mi* entorno. Hago que mis amigos vengan a verme, y quizá es algo muy egoísta, pero para mí supone un regalo maravilloso.

La gente es lo más importante, pero tengo que rodearme de algo, incluso aunque sólo sean objetos de arte. Así que colecciono muchos, y toda mi casa está llena de piezas de arte japonés y antigüedades. Por eso mismo, también quiero tener muchos peces y muchos gatos. Supongo que es una especie de actitud tímida.

Puedo asumir muchos riesgos en el mundo de la música porque es el mundo en el que vivo y en el que no hay límites. Pero no correré riesgos en lo que a mi vida social se refiere. En una situación social tengo que sentirme totalmente cómodo antes de meterme en ella y eso puede hacerme parecer una persona muy aburrida. Creo que seguramente hago más vida social cuando estoy en distintas partes del mundo, porque me gusta ver cosas diferentes y creo que en Londres no encuentro tantas cosas que ver. Supongo que es porque vivo allí; cuando estoy en Londres me gusta estar en casa. Pero cuando salgo de gira es cuando paso algunos de mis mejores momentos, porque voy a ver lugares nuevos y no me da miedo acudir a nuevos eventos. Soy bastante entrometido. La gente me cuenta cosas y me gusta descubrirlas por mí mismo.

Era un adolescente muy inseguro, seguramente porque estaba un poco sobreprotegido. Mi tío tenía un chalet en Dar es Salaam, a poca distancia de la playa, y por la mañana me despertaba el criado. Con un zumo de naranja en la mano, bajaba literalmente a la playa. En cierto sentido he sido muy afortunado, incluso en los primeros tiempos. Me gusta que me mimen, es algo con lo que he crecido.

También era un niño precoz y mis padres pensaron que meterme en un internado me haría bien. Así que cuando tenía unos siete años, me metieron en uno en la India durante una temporada. Fue una educación convulsa, lo que parece haber dado sus frutos, supongo.

Por supuesto, tuve sentimientos de añoranza al verme alejado de mis padres y mi hermana —sentimientos de soledad, sentimientos de ser rechazado—, pero tenías que hacer lo que te decían, así que lo más sensato era sacar el máximo provecho. Me metieron en un ambiente en el que tuve que arreglármelas solo, por lo que aprendí a ser responsable ya desde pequeño, y creo que eso es lo que me ha convertido en un diablillo.

Una cosa que te enseñan los internados es cómo arreglártelas solo, y lo hice desde el principio. Me enseñó a ser independiente y a no confiar en nadie más. Todo lo que cuentan sobre los internados es más o menos cierto, lo de las amenazas y todo lo demás.

No me gustaba ni el críquet ni salir a correr largas distancias; ¡era un perfecto inútil en ambas cosas! Pero se me daban bien las carreras cortas, era bueno jugando al hockey, y era sencillamente fenomenal en el ring de boxeo... te lo creas o no.

Me acosaba el típico profesor raro, pero no me afectó porque, de alguna manera, en el internado no te enfrentas a eso, tan sólo eres ligeramente consciente. Hubo una época en la que era joven e ingenuo. Perdí la cabeza por un profesor, y hubiera hecho cualquier cosa por él. Es algo por lo que pasan los estudiantes, y yo tuve mi ración de bromas estudiantiles, pero no voy a dar más detalles.

Tuve clases de piano en la escuela y realmente lo disfrutaba. Fue algo que quería mi madre. Se aseguró de que continuaba los estudios de piano y llegué hasta el cuarto curso de conservatorio, tanto práctico como teórico. Al principio, yo seguía con las lecciones porque sabía que ella así lo quería, pero luego me empezó a gustar mucho tocar. Básicamente toco de oído y no sé leer partituras en absoluto. No lo necesito. Eso se lo dejo a otros. No es como Mozart, ¿verdad? De esta manera llegamos a más gente.

Creo que siempre me gustó cantar pero no me lo planteé como una carrera. Cuando era un niño pequeño estaba en el coro y sencillamente me gustaba cantar. Copiaba canciones de Elvis, y entonces de repente me di cuenta de que de hecho podía escribir canciones y hacer mi propia música. Llámalo un don natural, o lo que sea.

Más tarde acudí a la facultad de Bellas Artes de Ealing, el año después de que Pete Townshend la dejara. La música era una actividad suplementaria a cualquier cosa que hiciéramos y la escuela era una cantera de músicos. Conseguí mi diploma y luego pensé que podría trabajar de artista gráfico por mi cuenta. Lo hice un par de meses pero luego pensé: «Dios mío, ya tengo suficiente». No tenía ningún interés. Y el tema de la música fue creciendo cada vez más. Finalmente dije: «Muy bien, voy a arriesgarme con la música». Soy una de esas personas que cree en hacer las cosas que te interesan. Y la música es de lo más interesante, queridos míos.

¿Soy presumido? Hasta cierto punto, sí. Poseo esos ingredientes. Me gusta sentir que tengo buen aspecto en todo momento cuando salgo por ahí. Creo que es una especie de felicidad interior. Ha de salir de dentro. Para mí, la felicidad es lo más importante, y si soy feliz entonces eso se refleja en mi trabajo. Mi felicidad se define de muchas formas. Hacerle un regalo a alguien es maravilloso, pero también me llena mucho actuar delante del público. No estaría en este negocio si no me gustara.

Creo que la mayoría de la gente como yo pasa por diversas etapas, y a veces he tenido malas rachas. Pero no tengo tantos problemas como tenía antes, cuando las cosas me dejaban paralizado. Solía enfrentarme a cada problema según se presentaba. Era algo que tenía metido dentro y tuve que superar ese obstáculo o de lo contrario no hubiese podido sobrevivir, no hubiese podido hacer nada más. Ahora creo que he madurado y he aprendido a enfrentarme a los problemas. No dejo que las preocupaciones me abrumen porque disfruto también de los buenos momentos cuando se presentan y vivo el día a día, de verdad.

Sin duda, soy una persona extravagante, y me gusta vivir la vida. Me lo trabajo y quiero pasarlo bien. Quizá la buena vida no se presente otra vez, así que quiero disfrutar un poco. Ahora no me asusta hacer lo que quiero hacer y no me preocupa si hago un poco el ridículo. No me importa caerme dentro de un cubo de basura, lo cual me ha pasado muchas veces, siempre que me lo esté pasando bien.

El aburrimiento y la monotonía son las mayores enfermedades en todo el mundo, queridos. Nunca podrás decir que la vida conmigo sea aburrida. Los excesos forman parte de mi naturaleza y realmente necesito el peligro y la excitación. A menudo me aconsejaron mantenerme alejado de lo clubes porque son demasiado peligrosos. Pero es algo que me encanta. No me da miedo arriesgarme. No nací para quedarme simplemente sentado y viendo la televisión. Me encanta rodearme de gente interesante y extraña porque me hace sentir más vivo. La gente extremadamente seria me aburre como una ostra. Me encanta la gente extravagante. Soy inquieto y muy nervioso por naturaleza, así que no sería un buen padre de familia.

No hago cosas a medias. Puedo pasar de un extremo a otro con bastante facilidad. No me gustan las medias tintas. El gris no ha sido nunca uno de mis colores favoritos. Cambio día a día como un camaleón. Para mí cada día es diferente y es algo que me hace mucha ilusión porque no quiero ser la misma persona cada día.

No puedo quedarme descansando en la cama todo el día sin hacer nada. Apenas leo libros porque creo que son una pérdida de tiempo. Me relajo de maneras que la gente no puede entender, como dormirme en un avión cuando estoy en un vuelo de veinte minutos. Ése es todo el descanso que necesito. No necesito dormir muchas horas, me las arreglo con tres o cuatro horas de sueño cada noche. Para mí es suficiente. Recargo mis baterías en ese poco tiempo y ya estoy otra vez en pie.

Tengo que hacer algo cada día. Quiero ganarme el sustento. No puedo estar sentado mucho tiempo, y si sabes que necesitas entretenimiento constantemente, te aseguras de tenerlo. Puede que sea ambicioso, pero soy un artista... Lo llevas en la sangre. Soy un actor, así que dame un escenario. Pero, en cierto modo, he creado un monstruo y soy yo el que tiene que vivir con él. Seguramente me volveré loco dentro de unos años. Voy a convertirme en uno de esos músicos dementes.

El trabajo es lo que me impulsa y seguiré así mientras mi organismo me lo permita. Las cosas que más admiro son aquellas que requieren una total dedicación, doces horas de trabajo al día, y noches de insomnio. No soy el único. Creo que Phil Collins es un buen ejemplo, porque también es un auténtico adicto al trabajo.

La gente piensa que soy un auténtico..., empieza por «c», pero no puedo decirlo... ¡y no es cielo, precisamente! Soy alguien difícil de tratar y, para algunas personas, soy una zorra. Me encanta estar rodeado de zorras. Desde luego, no voy buscando la gente más perfecta, porque sería aburrido. Soy como un perro enloquecido en la ciudad y me gusta disfrutar de la vida. Pero ahora, de hecho, presto más atención a conseguir que la gente se dé cuenta de que soy alguien normal. Es una mierda que la gente piense: «¡Oh, Freddie Mercury, seguro que no querrá hablar conmigo!». Pero, ¿sabes?, hay una línea divisoria muy fina, porque cuando la gente se cree que tienes todo ese dinero y ese éxito, pero sigues siendo uno de sus colegas, entonces te pisotean. Es entonces cuando tienes que plantarte y decir: «Aún soy una puta estrella, respétame, pero aún puedo tomar una taza de té y pasarlo bien contigo». Es sólo cuestión de disciplina.

Siempre tienes una cierta idea de lo que eres, y creo que mi personalidad en el escenario es totalmente diferente a mi personalidad fuera de él. Tengo varias facetas. Por lo general, creo que soy agradable, pero puedo cambiar y ser malhumorado y odioso. Creo que cada persona está compuesta de muchas facetas, y yo no soy diferente. Conmigo no van las medias tintas, y eso puede ser peligroso porque alguien puede pisotearme, lo cual ha ocurrido muchas veces. Pero a veces también soy un gran macho y un objeto sexual, y soy muy arrogante. Entonces, *nadie* puede conmigo.

No soy perfecto, de ninguna manera, pero juego limpio. A veces soy demasiado indulgente, ése es mi problema. Soy una persona muy posesiva, pero también quiero mi trozo de pastel y comérmelo. Una vez he descubierto que alguien me ha traicionado, cambio de repente y me convierto en un ogro. Soy muy duro en apariencia, pero muy blando por dentro, igual que esos bombones de la marca Black Magic.

Esta imagen que he representado a lo largo de los años ha sido en cierto modo fingida. Llevaba disfraces y me metía en diferentes ambientes y personajes, pero por debajo de eso está el auténtico yo. Todo este tiempo he estado fingiendo, llevando plátanos en mi cabeza, adornos baratos y saliendo al escenario a hombros de alguien. Me gusta ridiculizarme a mí mismo y no tomarme demasiado en serio. No llevaría todas estas ropas si fuera serio. Lo único que me hace seguir adelante es que me gusta reírme de mí mismo. Pero todo es fingido. Por dentro sigo siendo un músico.

Tengo todo tipo de paranoias. Estar solo es una de ellas. No puedo ir a ninguna parte solo. Siempre ha de haber alguien conmigo cuando voy de compras, seguramente porque no me gusta que me observen. No me importa quién me mire, pero no me gusta la gente que es un tanto maleducada, que simplemente se me acerca, porque a nadie le gusta eso.

Todo el mundo tiene sus momentos en los que se da aires de superioridad. Quiero decir que, por ejemplo, nunca me ato yo mismo los cordones de los zapatos. Nunca. No es algo propio del rock'n'roll. Queridos míos, soy la criatura más vanidosa que hay. A veces hago ejercicio, aunque no me gusta ir al gimnasio propiamente dicho. Es un poco embarazoso, especialmente cuando hay todos estos tipos enormes mirando a un debilucho levantando unas pesas. Tampoco me gusta cómo sobresalen mis dientes. Me los voy a arreglar, pero aún no he tenido tiempo. Aparte de eso..., soy perfecto. Hablando en serio, soy bastante auténtico por dentro. No me impongo a los demás, odio toda esa mierda, de verdad. Creo que mis mejores amigos saben que, de hecho, pueden tomarme el pelo y meterse conmigo.

Se trata de un proceso de crecimiento. La gente crece, y después de todos estos años has de demostrar que has madurado, para que así la gente que también ha crecido contigo no pueda decir de repente: «¡Dios mío, *todavía* lleva el cabello largo, y *todavía* lleva las uñas de negro y una blusa de mujer!». Eso es ridículo, me sentiría ridículo. Hasta hace poco, vestirse de manera informal significaba cambiar de un traje negro de satén a uno azul. Me gusta vestir con cierto estilo.

Siempre he querido ser mi propio jefe y siempre he creído saber lo que más me convenía. Suena muy precoz, pero sabía lo que quería. Y si todo se acabara mañana, lo volvería a hacer todo según mis propias normas. Sé que todo se va a acabar un día, pero eso no me va a quitar el sueño. No es la razón por la que estoy en esto. Estoy en esto por los retos. No quiero que las cosas me resulten demasiado fáciles ni que nadie me las dé en una bandeja de plata. Lo odiaría. Y, de todos, modos lo rechazaría.

Nunca intento autoanalizarme, odio ese tipo de cosas y ni siquiera me gusta que me lean la palma de la mano. Hay gente que me ha llamado y me ha dicho: «Oh, tienes que ir a ver a *esta* persona, acierta muchas cosas». Pero eso me asusta, si te soy sincero. Me gusta descubrir las cosas por mí mismo. Sería muy aburrido si averiguara lo que me va a ocurrir, porque entonces me pasaría toda la vida intentando evitarlo.

Soy una de esas personas que no mira atrás y se lamenta por los errores cometidos. Si se trata de un error, entonces simplemente pienso: «Ya ha pasado, se acabó». Del mismo modo, no puedes regodearte en el éxito, porque en este negocio sólo eres tan bueno como lo haya sido tu último disco. Y funciona en ambos sentidos, así que si me saliera una auténtica manzana podrida, me importaría un bledo.

Todo el mundo quiere que lo elogien de alguna manera, ya sea en el campo musical o en lo que sea, y así soy yo. Pero sería bastante feliz siendo famoso de una manera completamente diferente. Lo que importa es el éxito y sentir el peso del éxito encima de ti, de cualquier manera, ya sea como un magnate del petróleo o cualquier tipo de ejecutivo. Siempre lucharía por el éxito, así que no me preocupa el hecho de que lo consiga siendo un músico. Es un regalo maravilloso. Aunque...

No creo que pudiera ser un mecánico de coches y, además, soy un negado para hacer sumas y cosas así. En lo que respecta a la ciencia, soy un cero a la izquierda, y tampoco soy un manitas..., oh, no. ¡Soy un puñetero inútil!

Sé como sacar lo mejor de mí mismo, y siempre he tratado de encontrar el talento que tenía y desarrollarlo para intentar conseguir algún tipo de reconocimiento y éxito. Es algo que controlo mucho más actualmente porque sé lo que quiero y lo que no quiero. Vivo para el mañana. Que se joda el hoy, viva el mañana. No voy a escuchar a la gente diciéndome cómo debería comportarme. Nadie me dice lo que tengo que hacer.

No me considero una leyenda. Las leyendas y yo no nos llevamos bien. Sólo soy un encanto de persona..., soy un amor. Para mí una leyenda es alguien como Montserrat Caballé. Ella es la leyenda y yo tan sólo soy una vieja fulana. No quiero compararme con nadie, porque no creo que yo tenga comparación con nadie.

14. «My Melancholy Blues»

¡Me deprime mucho esta gente que sigue sin admitir que todo lo que hacemos simplemente rebosa originalidad!

15. «A Man Made Paradise»

Soy un urbanita. ¡No me va todo eso del aire del campo y el estiércol de las vacas!

Todo el mundo que consigue mucho dinero tiene un sueño que quiere llevar a cabo, y yo conseguí ese sueño con esta casa maravillosa.

Siempre que veía películas de Hollywood llenas de casas lujosas con una decoración fastuosa, quería una para mí, y ahora ya la tengo. Pero, para mí era mucho más importante conseguir esa maldita casa que irme a vivir a ella. Yo soy así, una vez consigo algo ya no lo deseo más. Me sigue encantando la casa, pero el verdadero placer reside en haberla conseguido.

Es una casa con ocho habitaciones, en Kensington, al oeste de Londres. Está llena de suelos de mármol y escaleras de caoba. Incluso tiene un jardín de tres mil metros cuadrados... ¡En Kensington! ¿Te lo puedes creer? Hace poco, un árabe me ofreció cuatro millones de libras por ella. Se lo dije a Elton John y me dijo: «¡Rápido, véndesela y vete a vivir a una casa prefabricada!». Pero es la casa de mis sueños y no me importa lo que me haya costado.

He estado buscando una casa durante mucho tiempo. No me va eso de tener hectáreas y hectáreas de terreno, sólo quería una casa bonita con un terreno razonablemente grande. Soy un urbanita. ¡No me va todo eso del aire del campo y el estiércol de las vacas!

Simplemente pensaba que quería volver a vivir en Inglaterra, tras haber vivido en Nueva York y en Múnich. Quería una casa de campo en Londres, pero tardé en encontrarla. Llevaba viviendo en el mismo apartamento pequeño de Kensington durante mucho tiempo, así que llamé a Mary desde Estados Unidos y le pedí que me buscara un sitio. Vi la casa, me enamoré de ella, y en media hora ya era mía. Estaba en un estado deplorable y con todos los cambios que tuve que hacer no pude mudarme hasta al cabo de un año.

La llamo mi casa de campo, pero dentro de la ciudad. Está muy apartada, con terrenos enormes, justo en medio de Londres. Una vez al mes me siento inspirado y voy allí con el arquitecto. «¿Por qué no retiramos esta pared?», le pregunté una vez... Todo el mundo refunfuñó y el arquitecto casi se muere. Fui allí un día como una cuba, después de una buena comida —hay una zona maravillosa de dormitorios en la parte de arriba, y junté tres para hacer una suite lujosa— y, yendo un tanto atontado, dije, inspirado: «Lo que sería bonito es una cúpula de cristal por encima de toda esta zona de dormitorios». El arquitecto se estremeció, pero fue raudo a coger su bolígrafo y su bloc de dibujo.

Antes de todo eso, decidí en cierto momento que me gustaría vivir en Nueva York. Me encanta Nueva York. Es maravillosa. Pero cuando consideré la posibilidad de vivir allí, pensé: «¡Vaya, es absolutamente diferente!». No puedes vivir en Nueva York al mismo ritmo que cuando viajas allí. No me gustó esa idea. Me habría muerto en una semana.

Iba a marcharme de Inglaterra y probarlo durante un tiempo, así que fui y miré algunos apartamentos en West Avenue. Encontré un sitio maravilloso que estuve a punto de comprar. Eso fue antes del Gobierno de la señora Thatcher. Pero, entonces, cuando regresamos a Inglaterra, ella estaba en el poder, y pensé: «¡Bueno, y por qué no!». Pero no tenía nada que ver con el dinero.

El trabajo me estaba saturando. Me cansé del negocio musical y decidí que realmente necesitaba un largo descanso. Acababa de comprar un apartamento en Nueva York y quería pasar allí algún tiempo. Pasé mucho tiempo buscándolo y en cuanto lo compré me fui a vivir allí. Así que preferí ese apartamento antes que mi casa de Londres, y viví allí durante un tiempo. Trabajé con Michael Jackson mientras viví allí.

Me encanta Nueva York. Es agresiva y desafiante y, por supuesto, interesante. También me gusta Múnich, donde he pasado mucho tiempo. Es un sitio muy seguro y muy bonito. Allí hemos grabado discos..., y te das cuenta de lo segura que es. Múnich es como un pueblo. Estuve tanto tiempo que, al final, la gente ya ni tenía en cuenta que yo estaba por allí. No me molestaban en absoluto. Tengo muchos amigos allí y saben quién soy, pero me tratan como una persona más y me han aceptado de esa manera. Y, para mí, eso es una excelente forma de sentirme relajado. No me gusta encerrarme a cal y canto y esconderme. Eso no es lo que quiero. Me volvería un ermitaño. Me volvería loco... aún más rápido.

Me gusta sentir que puedo hacer exactamente la misma clase de cosas que hace todo el mundo, como salir por ahí e ir a fiestas, pero sin tener ese peso encima. Si me puedo liberar de esa carga y seguir en la misma ciudad, entonces ésa es la manera en que me siento más relajado. Puedes ir caminando a cualquier parte y no tienes que preocuparte de que tu coche esté aparcado en cualquier lado. Por aquí, en Londres, siempre hay alguien que te rayará tu coche tan caro, y esto y lo otro, y has de tener a tu chófer vigilándolo. Pero eso no ocurre en Múnich. Allí de hecho puedo ir andando por la calle. Pero en Inglaterra ni siquiera puedo cruzar la calle. He de estar metido en un coche todo el rato. Pero Nueva York es muy insegura, como ya sabes, y no me atrevería a ir andando por allí. Sería algo estúpido. Has de ser muy prudente.

Me encantan los clubes de Nueva York. Recuerdo una vez que quería ir a un club llamado el Gilded Grape, del cual había oído que era muy emocionante, pero todo el mundo me decía que no debería ir allí, o si iba, al menos que me asegurase de que tenía un coche rápido y blindado esperándome fuera. Todo el mundo intentaba avisarme sobre este club, lo que, por supuesto, me hizo estar más decidido a ir. Poco después de llegar allí, se desató una pelea enorme que acabó en nuestra mesa. Destrozaban sillas, se daban puñetazos y había sangre por todas partes. Billie (Jean King) se quedó de piedra, pero a mí me encantó. Le dije que no se preocupara, y cuando la pelea se agudizó, la agarré y la saqué a la pista de baile. Fue mucho más divertido que una cena acogedora de vuelta al hotel.

Cuando voy a Nueva York me gusta hacer el golfo. Es la ciudad del Pecado, con una «P» mayúscula. Pero has de saber largarte en el momento preciso, porque si te quedas un día más, te atrapa. Es muy hipnótica. Salgo cada día de marcha hasta las ocho o las nueve de la mañana y me pongo inyecciones en la garganta para poder seguir cantando. Es un lugar auténtico. Me encanta.

A veces, cuando estoy solo por la noche, me imagino que cuando tenga cincuenta años me instalaré en Garden Lodge, mi refugio, y entonces empezaré a convertirlo en un hogar. Cuando esté viejo y canoso, y cuando todo se haya terminado y ya no pueda llevar la misma ropa ni brincar en el escenario, aunque aún falta para eso, tendré un lugar donde caerme muerto, y es esta casa maravillosa. Mientras tanto, me gusta seguir indignando a la gente con mi música.

16. La fama y la fortuna...

Me gusta estar rodeado de cosas espléndidas. Quiero llevar una vida victoriana, rodeado de trastos exquisitos.

No puedes separar el éxito del dinero.

Puede que el dinero sea vulgar, pero es maravilloso. De hecho, me llevo muy bien con la riqueza: gasto, gasto y gasto. Bueno, ¿para qué sirve el dinero si no es para gastarlo? Me lo gasto como si nada. Sí, tengo muchísimo dinero, pero sinceramente no sabría decirte cuánto tengo en el banco. Estoy acostumbrado a eso. Simplemente voy y me lo gasto. No soy una de esas personas que acumula su dinero debajo del colchón y lo cuenta cada noche. No soy como una de esas estrellas que están obsesionadas en contar sus peniques. Conozco a varias personas que hacen un concierto y luego se van corriendo a casa a contar lo que tienen, pero yo no. El dinero me importa un rábano. Sencillamente, creo que está para gastarlo.

Soy el único miembro del grupo al que no le atrae mucho el dinero. Soy el que se lo gasta de inmediato. Se va en ropa y las cosas bonitas de las que me gusta rodearme.

Todo lo que quería en esta vida era ganar montones de dinero y gastarlo. Siempre supe que sería una estrella, y ahora el resto del mundo parece estar de acuerdo conmigo. Sin embargo, debido a que tengo éxito y mucho dinero, mucha gente codiciosa va tras de mí. Pero es algo que he aprendido a sobrellevar. Cuanto más alta es la escalera que subo, más grande es la barrera que me rodea. Cuanto más abierto soy, más daño me hacen.

En un momento dado, dos o tres años después de que empezáramos [como banda], estuvimos a punto de separarnos. Creíamos que no funcionaba, había demasiados tiburones en el negocio y todo se nos hacía cuesta arriba. Pero algo dentro de nosotros nos animaba a seguir y aprendimos de las experiencias, buenas y malas. No ganamos dinero hasta el cuarto disco, *A Night At The Opera*. La mayoría de nuestros ingresos se nos iban en litigios y cosas así.

Cuando empiezas a ganar mucho dinero, todo el mundo quiere parte del pastel. Todas las sanguijuelas se te acercan y te chupan hasta dejarte seco si les das la mínima oportunidad. El dinero atrae a todo tipo de gente indeseable. Es cierto, el dinero siempre parece ser la raíz de todo mal. El éxito puede traerte problemas que nunca te has buscado, problemas que no pensabas que pudieran existir.

Tienes que vigilar a todo el mundo que trabaja para ti y si parece que te están engañando debes deshacerte de esa gente en seguida. No puedes permitir que nadie se salga con la suya. Puedo oler a las ratas. Es algo instintivo. ¡Puedo olfatearlas en seguida!

Querido mío, a lo largo de los años ha habido algunos momentos malos. En realidad no le guardo rencor a nadie, es algo trivial. En el pasado me indignaron ciertas cosas y algunas personas en concreto. Me ponía como una puta moto por algunas cosas pero, digo yo, ¿qué puedes hacer? Tal y como lo veo, creo que ese tipo de cosas me hacen más fuerte. Sencillamente, creo que van a hacer de mí una persona más dura. Lo veo como algo que tengo que superar. Es parte de mi vida. ¡Eso es todo! Forma parte de lo que es mi estilo de vida. Me lo tomo con calma.

En ocasiones, todo se reduce a ser consciente de las cosas y aceptarlas. Quiero decir que, a veces, no me importa si sé que alguien me engaña, si es así no me importa. Sólo me afecta cuando *no sé* que me han tomado por imbécil..., ésa es la diferencia. Hay muchas ocasiones en las que me han engañado sabiéndolo yo de sobras, pero al final les he dado tanto margen que ellos mismos quedan en evidencia.

Te sorprendería lo poco fiable que puede llegar a ser la gente. En unas cuantas ocasiones en las que algunas personas han llegado a conectar conmigo, han traicionado mi confianza. Me construí una barrera, con la sensación de que cualquiera que quisiera algún tipo de relación con nosotros estaba destinado a timarnos de alguna manera. Eso hizo que me sintiera muy frío por fuera.

Cuanto más dinero logras, más desdichado te puedes volver. Es bien cierto que el éxito te cambia, pero tienes que cambiar para poder sobrevivir. Solía merodear por el mercado de Kensington, me pasaba mucho tiempo por allí, y ahora cuando voy sé que si no me detengo y hablo con todo el mundo se sentirán ofendidos, mientras que antes simplemente podía saludar mientras paseaba. Si ahora no me paro dicen: «Oh, ahora se piensa que es una estrella».

Todavía voy a beber al pub con muchos de mis amigos, pero a veces soy consciente cuando me engañan. A veces no me importa, pero puede ocurrir que llego al pub y pago las copas, y entonces la gente que había estado bebiendo cañas de repente pide un licor de los caros. Lo entiendo. Es por razones como ésa que parece que cambies aparentemente. Has de aprender a sobrevivir a la presión que conlleva tener éxito, y por esa razón la gente que no se da cuenta de todas esas cosas piensa que has cambiado a peor.

Mi objetivo en la vida es ganar mucho dinero y gastarlo, ¡aunque actualmente tiendo a gastarlo antes de haberlo ganado! Hay mucho dinero por ganar ahí afuera. Adoro gastármelo. Me encanta ser espléndido y extravagante. Es tan divertido. No tengo remedio con el dinero. La vida es demasiado corta como para estar sentado y pensar en esas cosas todo el tiempo. Soy una estrella de rock, soy muy rico, puedo comprar todo lo que quiera, ¡incluso a ti!

Nunca llevo dinero encima, igual que la «reina de verdad».[20] Si me apetece algo de una tienda, siempre le pido a alguien de mi equipo que me lo compre.

Me encanta ir de tiendas y me encanta ir a subastas y comprar antigüedades en Sotheby's y Christie's. Lo que realmente

20. Juego de palabras con el nombre del grupo, Queen, que significa «reina». (N. del T.)

echaría de menos si me fuera de Gran Bretaña sería Sotheby's. Todo mi dinero se va ahí. De hecho, eso es lo que me interesa desde hace mucho tiempo. Y ahora que tengo algo de dinero para despilfarrar, pensé que estaría bien salir a gastarlo. Así que me fui a Sotheby's el otro día y adquirí algunos cuadros. ¡A los marchantes no les gustó en absoluto!

También me encanta Harrods. Y Cartier, Asprey y Christie's. Los japoneses lo denominan salir de compras a lo loco. Voy por ahí como el flautista de Hamelín con una multitud de gente siguiéndome. Me iría con la mujer del promotor a unos grandes almacenes abiertos para mí después de cerrar. ¡Y allí estarían todos estos dependientes y con el sitio absolutamente vacío, excepto yo!

Me gusta estar rodeado de cosas espléndidas. Quiero llevar una vida victoriana, rodeado de trastos exquisitos. También tengo muchas baratijas que no tienen ningún valor, lo cual me encanta. Sería muy aburrido si sólo fueras de compras y dijeras: «Oh, eso será una inversión deliciosa».

Me compré una casa en Londres que sólo había visto en fotos. Sé que es absurdo, pero no tenía tiempo de ir a ver casas. Necesitaba un lugar para meter mis muebles y mi ropa. Tengo esta casa desde hace cuatro años. Es bastante exquisita y preciosa. Todavía hay gente trabajando en ella, construyendo todo tipo de mierdas elaboradas. A este paso seguramente me mudaré cuando sea viejo.

Me estoy deshaciendo de mis jarrones de Lalique y Galle, estoy hasta las orejas. Se está convirtiendo en algo realmente ridículo. Quiero decir que mucha gente solía decir que mi casa era como un museo, pero ahora empiezo a estar de acuerdo con ellos. Es algo muy ridículo.

Me encantan esas historias sobre Elton, cuando tuvo ese problema de que la gente se quedaba en su casa los fines de semana, en sus habitaciones libres, y mirabas debajo de la cama y te encontrabas con obras de Rembrandt y otros maestros por el estilo. Es cierto. En mi caso, son mis grabados japoneses lo que hacen que la situación sea absurda.

La gente dice: «¿Qué estás haciendo? Tienes esta cosa descomunal y fantástica que te ha costado tanto dinero. ¿No te preocupa?». Tengo a todos mis contables y abogados intentando convencerme de que me equivoco, que estoy tirando el dinero, que si esto y lo otro. ¡A la puta mierda!

Quiero hacerlo debidamente. Quizá no sea lo más prudente, económicamente hablando, pero voy a hacer lo que quiera hacer en cada momento, lo que me diga mi mente, lo que me diga mi corazón que haga.

Me encanta. Forma parte de mi naturaleza. Me da alas. No me da miedo gastarme el dinero. A veces pienso que podría ir a Cartier's, la joyería, y comprar la tienda entera. A menudo mis juergas empiezan igual que una mujer comprándose un sombrero para animarse. Algunos días, cuando estoy realmente harto, sólo quiero perderme con mi dinero. Me pongo como una moto y empiezo a gastar y gastar. Luego vuelvo a casa y pienso: «¡Oh, Dios!, ¿qué he comprado?». Pero nunca tiro el dinero. Disfruto muchísimo haciendo regalos.

Me encanta hacer regalos a la gente. Ésa es mi mayor ilusión. Considero que es la mayor diversión. No me gusta acapararlo todo. Quizá con el dinero no se pueda comprar la felicidad, ¡pero te la puede dar! No me asusta despilfarrarlo si es para darlo a otra gente. Ayer fui de compras a Cartier's, en Londres. Pero entonces me di cuenta de que cerraban a la hora de comer. Así que llamé para ver si podía estar abierta para mí, y así lo hicieron. O sea que estaba totalmente cerrada y me fui para allí. Me sentía como Zsa Zsa Gabor.[21] Fue todo un detalle por su parte. Compré muchas baratijas de Cartier, pero nada para mí.

Si *puedo* crear una pizca de felicidad, es con mi dinero. De acuerdo, el dinero no puede comprar la felicidad, es cierto —he escrito una canción titulada «Money Can't Buy Happiness», por cierto—, pero dependiendo de quién seas, puedes forzar las cosas. Cuando le hago regalos a la gente creo que me gusta más a mí que a ellos. Me encanta hacer ese tipo de cosas.

Y, aunque haya dicho todo esto..., también compro muchas porquerías para mucha gente. ¡Lo peor es que me las devuelven unos años después!

---

21. Zsa Zsa Gabor: actriz de nacionalidad húngara y estadounidense, famosa por su predilección por las joyas. (*N. del T.*)

Le compré un coche a alguien el otro día. Apareció en la prensa alemana. Lo más gracioso es que, en teoría, también era mi coche, pero es él quien lo conduce. De repente me entero por la prensa que he comprado un Mercedes SEC. Pensé: «¡Dios mío, venga ya!». Si quisiera regalar un coche, lo haría, pero así ocurren las cosas. O sea que él cree que ahora es *su* coche. No está bien.

Mi coche favorito, por cierto, es un Rolls Royce, desde siempre. Son insuperables en cuanto a estilo y comodidad.

El dinero no me ha echado a perder. Sé que suena muy cursi, pero es cierto. Comprarle cosas a la gente es muy agradable. Esos pequeños momentos les alegran el día; un pequeño regalo, un detalle, una nimiedad, tan sólo un pequeño tesoro. Eso significa mucho más que si alguien te comprara el Big Ben o algo por el estilo. La gente aprecia muchísimo los *pequeños* detalles.

Te daré un buen ejemplo. El otro día, Mary me hizo un regalo maravilloso que no había visto antes. Es algo en lo que nadie más hubiese pensado, y seguramente sea algo totalmente inútil para ti, pero es un detalle de alguien que se preocupa, y eso es lo que importa. Me hizo este pequeño regalo y lo arregló todo por su cuenta. Era el periódico del día en que nací, o sea que de hecho puedes leer lo que sucedió el día en que naciste. Era el *The Times* del cinco de septiembre de 1946. Y también me consiguió el de 1846, lo cual fue maravilloso. Creo que fue un pequeño regalo precioso, un pequeño detalle. Con muchas, muchas páginas, fue maravilloso. Me dijo: «Esto te tendrá ocupado, querido. Puedes leerlo mientras estás en el cuarto de baño». ¡Me gusta leerlo mientras estoy cagando!

La edición de 1846 era muy interesante. Fue durante los tiempos del cólera. De repente, hubo una epidemia en la India, y fue durante la época del Raj, la East India Company y todo ese asunto.[22] Unos cien ingleses en la India contrajeron el cólera, además de 858 cipayos. ¿No es maravilloso? A saber quiénes son

22. El término Raj se refiere a la administración colonial británica del subcontinente de la India, es decir lo que hoy en día son los estados de la India, Pakistán y Bangladesh. La East India Company (Compañía Británica de las Indias Orientales) venía actuando en la zona desde el año 1600, pero a mediados del siglo XIX fue perdiendo su monopolio comercial, hasta su disolución en 1874. (*N. del T.*)

los *cipayos*,²³ pero lo que quiero decir es que me puso tan contento..., tan sólo un periódico.

Creo que es totalmente absurdo suponer que la gente que tiene dinero no necesita pequeños detalles como ése, igual que lo necesita todo el mundo. Creo que quizá haya mucha gente que se ríe de ese tipo de cosas, pero deben ser individuos bastante aburridos.

Algunas personas creen que tienes un montón de dinero, así que dicen: «¿Qué es lo que podría regalarte? Lo tienes todo, así que no puedo comprarte nada». Y creo que eso es salirse por la tangente. Hay montones de cosas que necesito. Odio todas esas excusas. Se piensan que no pueden darte nada que no cueste demasiado porque no estará a tu altura, pero eso es una absoluta mierda.

Nunca podría ser una persona mantenida. ¡Nunca! ¡Nunca en la vida! No me va eso. Sería como acariciar a un gato del revés. Nunca podría serlo. A todo el mundo le gustaría que alguien lo mantuviera, pero creo que mi máxima ambición es que alguien realmente rico, alguien rico y famoso, viniera y me dijera «me encantaría *mantenerte*», simplemente para que alguien me lo dijera. Y luego yo podría decir: «¡No, que te jodan!».

Al mismo tiempo, también hay mucha gente a la que le gusta lo contrario. A mí tampoco me gusta mantener a la gente. No me gusta estar en el otro lado, no sé si entiendes lo que quiero decir. Esto quizá suena como si fuera un hipócrita, pero no lo soy, me gusta que una relación funcione en términos de igualdad. Mi estilo de vida no se detiene de repente porque se pueda acabar mi fama. Si mañana se me acabara todo el dinero seguiría siendo la misma persona. Seguiría comportándome de la misma manera, igual que si tuviera un montón de dinero, porque eso es lo que solía hacer antes. Con o sin dinero, sigo siendo el mismo. Es la única manera de ir por la vida. Me gusta vivir la vida a tope. Ésa es mi naturaleza y, sencillamente, no voy a conformarme con lo que me diga la gente ni a escucharla

---

23. Un cipayo (que en persa significa «soldado») era un nativo de la India reclutado como soldado al servicio del poder colonial europeo, normalmente del Reino Unido, pero también se extendió su uso a los ejércitos coloniales de Francia y Portugal. (*N. del T.*)

diciendo cómo debería comportarme. Hago lo que me da la gana. Es algo innato, forma parte de mí. Siempre he sido así. El éxito ayuda, facilita ser extravagante o lo que sea, pero no se trata del factor esencial. En los primeros tiempos, cuando apenas tenía nada, ahorraba durante dos semanas y luego me lo pulía todo en un día para podérmelo pasar a lo grande. Siempre me comportaré como un señorito persa y nadie me va a detener. Nadie me dice lo que tengo que hacer.

Últimamente me he pasado gastando a lo loco. Me han aconsejado que frene un poco, porque los de hacienda vendrán a sacarme una buena pasta. He gastado alrededor de 100.000 libras en los últimos tres años. No me gusta que la vida sea demasiado fácil, así que si sigo gastando mucho entonces tendré que seguir ganándolo. Así es cómo me motivo para seguir adelante.

Puedo gastar una pequeña fortuna en un par de horas, pero es dinero bien invertido. Siempre quiero tener un buen aspecto, porque la gente que te convierte en una presunta estrella en este negocio tiene derecho a verte siempre como una estrella. No estoy metido en el mundo de los negocios en absoluto. Soy un negado con el dinero. No creo en eso de meter el dinero en el banco. Es para utilizarlo, no para acumularlo. Sencillamente, gasto lo que tengo. Supongo que siempre he llevado el tipo de vida con glamour de una estrella. No es nada nuevo. Solía gastarme hasta la última moneda, y ahora que tengo dinero, sigo gastándomelo.

Tengo algunos buenos amigos, una casa grande, y puedo ir donde me plazca, cuando quiera. Pero cuanto más dinero ganas, más desdichado te vuelves... Sólo que yo tengo mucho dinero.

Me aseguro de ganar el máximo posible y me lo gasto. Saco todo lo que puedo, queridos. Saco todo lo que puedo porque yo escribo todos los éxitos. *Eso* sí que es polémico. Cuando digo eso, sólo soy lógico. Si escribes los éxitos, te llevas el dinero.

En principio, el dinero se reparte a cuatro partes iguales; somos nosotros cuatro. Funciona así. Pero si quieres ir al quid de la cuestión, todo tiene que ver con los derechos de autor. El compositor gana más dinero porque si él escribe se queda con los beneficios de los derechos de autor. Así que si un álbum contiene, digamos, unas diez canciones, y Brian y yo hemos escrito cuatro cada uno, y Roger y John han escrito una, entonces, naturalmente, Brian y yo sacaremos más dinero. Es una cuestión de pura lógica.

Claro, estamos en esto por dinero, y no me da miedo reconocerlo. Nos encanta el dinero. Y quien te diga lo contrario está hablando con el culo, de verdad. Sí, el dinero forma parte de esto, pero por supuesto también lo hacemos por la fama. Me resultaría muy fácil dejarlo ahora, porque tengo todo lo que necesito, pero si somos serios, no es sólo por el dinero, también tiene que ver con la longevidad.

No sé hacer nada más. Para mí ésta es una vida bastante normal. Es como ganar a las quinielas, sólo que yo gano a las quinielas cada día. He trabajado muy duro para conseguir el dinero. Nadie me lo ha regalado. He trabajado para tener todo esto. He trabajado por ello y he pagado por ello. Me encanta tener este maravilloso jardín japonés con estos peces koi, que he comprado recientemente y son tan caros. Cualquiera a quien le gusten los peces koi, si tuviera dinero se los compraría, así que ¿por qué no yo?

Creo que me he ganado el sustento. He trabajado duro para conseguir lo que tengo y valoro eso más que nada. Odio los regalitos promocionales. No me van las cosas gratuitas. Me gusta saber que lo que tengo me lo he ganado.

No quiero que el dinero me controle, pero eso no significa que sea un pelele. ¿Sabes? Ésa es la diferencia. El dinero no me controla. Lo único que necesito es, sinceramente, decirme a mí mismo que aún lo sigo intentando y que sigo disfrutando todo este asunto de cantar con Queen.

No creo que pudiera hacer otra cosa. Sé que suena fatal, pero estoy lleno de confianza en mí mismo, siempre habrá algo que me vaya a salir bien. Sólo tengo que asegurarme de conservar lo que tengo.

Creo que si perdiera lo que tengo ahora sería un desastre. Pero eso no me detendría..., me las arreglaría. No dejaría que el hecho de quedarme sin dinero me impidiera pasarlo bien. Podría estar sin blanca mañana y si lo perdiera todo me abriría camino hasta la cima de alguna manera.

El único amigo de verdad que he tenido es Mary. Ella heredará la mayor parte de mi fortuna. ¿Qué mejor persona a quien dejarle mi herencia cuando me vaya? Naturalmente, mis padres están en mi testamento, igual que mis gatos, pero la mayor parte iría a parar a Mary. Si mañana me cayera muerto, ella sería la persona que conozco que podría arreglárselas con mi vasta riqueza. Ella controla todo mi dinero y mis posesiones; los chóferes, las sirvientas, los jardineros, los contables y los abogados. Todo lo que tengo que hacer es tirar mi cadáver al escenario.

Nadie más sacará un solo penique, excepto mis gatos Oscar y Tiffany. Aparte de ellos, no voy a regalar ninguna de mis cosas cuando esté muerto. Voy a acapararlo todo. Quiero que me entierren con todas mis cosas. Y aquel que quiera algo, puede venir conmigo. ¡Habrá muchísimo espacio!

17. Fama, fortuna... y todo lo que conlleva

No me importa lo que digan los periodistas. ¿Qué sabrán ellos? ¡Que se jodan si no se enteran!

Para la prensa en general soy alguien muy odioso. Pero yo también odio a la prensa, así que el sentimiento es mutuo. Creo que he aprendido a vivir con eso después de todos estos años. Mentiría si dijera que no me molestan las críticas, porque a todo el mundo le molestan. Naturalmente, quiero que todo el mundo diga que soy maravilloso y que le gustan mis canciones, y no me importan las críticas constructivas, pero por supuesto siempre hay gente que critica nuestros álbumes sin tan siquiera escucharlos, y cosas por el estilo. Así es cómo funciona el mundo. Solía ponerme realmente de los nervios y tirarme de los pelos, pero ya no paso noches de insomnio. Aprendí a vivir con eso. Se ha de ser una persona con una voluntad de hierro para sobrevivir en esta industria. Tienes que ser astuto y fuerte. Has de ser una zorra inflexible.

Nunca he dejado que me preocupara la prensa. En los primeros tiempos piensas en ello, sales a comprar la prensa y te aseguras de que sales en ella, pero ahora es un contexto completamente diferente porque sólo te preocupas de la música. Básicamente de lo que te preocupas es de la gente que compra tus productos, ésa es la gente que nos hace seguir adelante.

Los críticos me importan un bledo, sinceramente. El respaldo de la prensa sólo es importante al principio de la carrera, cuando eres un músico de rock. Cuando llega el éxito, son los fans quienes deciden si sigues o no. Pueden escribir lo que quieran. Te sorprendería la de cosas que la prensa exagera y distorsiona simplemente para vender. Si les diese carnaza, ellos añadirían la guarnición. Ojalá no hablase tanto con la gente, porque cuantas más cosas averiguo, más me doy cuenta de lo cruel que puede llegar a ser. Mi estilo de vida y mi naturaleza precoz se han sacado completamente fuera de contexto. Pero los medios de comunicación se inventaron mucho más de lo que yo les pudiera haber dado. Estaba preparado para vivir con eso, y dependía de mí asegurarme de tener los pies bien firmes en el suelo. Creo que los tengo. Para mí lo más importante es el público. Los críticos no compran mis discos, no me dan dinero, o sea que hasta que el público deje de comprar mis discos, no tengo que pensar en ello.

Cualquiera que tenga éxito durante mucho tiempo tiene que asumir algunas críticas. Los hace mejores. No puedes ir de santurrón toda la vida. No puedo soportar el hecho de que haya algunos músicos que piensen que son *tan* maravillosos. Creo que eso es terrible. Todos tenemos nuestros altibajos, todos tenemos nuestras limitaciones, y todos sabemos que hay ciertas cosas que no puedes hacer. Pero no quiero que ningún crítico gilipollas me lo diga. Preferiría tener una charla de hombre a hombre con un músico auténtico, que pueda decirme que hago mal ciertas cosas.

Creo que sería propio de una persona muy estúpida el estar en esta situación y pensara que no se va a decir nada peyorativo sobre ella. Eso sería muy estúpido. Siempre supe que destaparían cosas de mi vida. Sólo depende de lo terribles que sean, por supuesto. Creo que la mayoría de nosotros sabemos que son gajes del oficio. Siempre lo sabes. Es algo con lo que vivimos.

Es espantoso. Creo que lo que quiero decir es que sabía que habría gente que de repente me perjudicaría, esas personas que dicen: «¡Voy a cubrirle de mierda!». Siempre supe que habría alguien que lo haría un día. De hecho, me sorprendió que no ocurriera antes. No diré nombres, pero en el pasado me he sentido terriblemente traicionado. Es algo con lo que has de vivir y luego al final, si eres lo suficientemente listo, eso te hace más fuerte.

Aunque se afeitaría más tarde para otras escenas del vídeo de «I Want To Break Free», de 1984, Freddie se dejó su bigote intacto para la secuencia principal (irónico como siempre). Al contrario de lo que piensa la mayoría de la gente, vestirse de mujer para este rodaje maravilloso NO fue idea de Freddie... ¡aunque acogió la idea con todas sus ganas!

Rodaje del vídeo promocional de «Radio Ga Ga». Inspirado enormemente en la película de Fritz Lang *Metropolis*, de 1926, y sacando varias ideas de ella, la secuencia de la multitud dando palmas se convirtió en algo recurrente en las actuaciones en directo de Queen, con su máximo apogeo en el concierto de Live Aid.

El «motivo» de las palmas se convirtió en un fenómeno en todo el mundo, ¡destacando tanto en un concierto de Queen como «Bohemian Rhapsody», las luces cegadoras y el sonido descomunal! Incluso resurgió en los conciertos de 2005 de Queen + Paul Rodgers.

Freddie en el escenario con Queen; ya fuera
delante de 2.000 o de 200.000 personas, era un
torbellino salvaje, inagotable e imparable. Nada
podía detenerle, no había otra cosa que hacer
salvo mirarlo fijamente y sobrecogerse. Una vez
más, esta imagen capta un momento de
la mágica gira de 1986.

«Gracias, que Dios os bendiga y dulces sueños... ¡hatajo de fulanas!» Éste fue el comentario final de despedida en el concierto de Queen en el Earls Court de Londres en 1977, aunque también ofreció agradecimientos similares en conciertos muy posteriores. Sólo Freddie podía salir impune después de frases así, ¡y él lo sabía! Aquí, otro concierto de la gira de *Magic*, en el que Freddie da las gracias una vez más al público que le adora.

Rodaje del vídeo de «The Great Pretender», en 1987. Freddie confesó más tarde, «¡Yo soy el gran farsante!», así que ¿qué mejor canción para hacer una versión podía haber para él?

Cuando el público de un concierto de Queen lanzó maquinillas de plástico desechables al escenario en 1980 (una protesta de buen humor), Freddie les preguntó si debería seguir con su bigote o quitárselo. «¡Quítatelo!», gritaron. «¡Que os jodan! ¡No me lo quito!», fue la réplica en el acto. Sin embargo, Freddie lo hizo de buena gana para el vídeo de «The Great Pretender» siete años después.

«*Barcelona* (la canción y el álbum) fue un ejemplo del enorme talento musical de Freddie. No sólo era un cantante popular, sino que también era un músico que podía sentarse al piano y componer para mí. Descubrió una nueva manera de hacer música. Fue la primera y única persona que ha hecho esto.» Éste era el recuerdo de Montserrat Caballé de una de las colaboraciones de la música popular más insólitas y asombrosas. Desde el principio de la grabación del disco *Barcelona*, en abril de 1987, y durante el resto de su vida, Freddie mantuvo una especial amistad con Montserrat. En esta cálida imagen, tomada durante la sesión fotográfica para su álbum, se aprecia el afecto que sentía por ella.

Dos amigos trabajando... o, al menos, debatiendo sobre el futuro trabajo; Freddie y la «Super Diva» (tal y como él se refirió a ella una vez) conversan sobre... ¿quién sabe qué? Freddie confesó más tarde que Montserrat le tomaba a menudo el pelo durante las sesiones de grabación, y quizá ésta fue una de esas ocasiones.

Oscar y Mercury en 1986. No mucha gente sabe esto... pero Freddie una vez escribió una canción titulada «Delilah» dedicada a su gato, para el disco *Innuendo*, de 1991. Realmente, quería a sus mascotas felinas con toda su alma.

En 1985, Freddie dedicó su primer álbum en solitario, *Mr. Bad Guy*, no a su madre, padre, hermana o compañeros de Queen, sino de esta manera: «Este álbum está dedicado a mi gato Jerry, y también a Tom, Oscar y Tiffany, y a todos los amantes de los gatos de todo el universo. Los demás que se jodan».
Esta compañera tan querida es Tiffany, en 1986.

Junto a Liza Minnelli (a quien Freddie había admirado durante muchos años y a quien a menudo citaba como una influencia) en la fiesta del 20º aniversario de Queen en el Groucho's Club, en el Soho, el 18 de febrero de 1990.

Y, abajo, con su colega y compositor George Michael en el mismo acto. Ésta fue una de las últimas apariciones públicas de Freddie.

Freddie junto a su mejor
amiga, Mary Austin, en la
fiesta de su 38º cumpleaños,
en el Xenon Club,
en Piccadilly, el 5 de
septiembre de 1984.

Otra vez junto a Mary, celebrando su
39º cumpleaños: el Black and White Drag Ball
en el Hendersons Club, en Múnich,
el 5 de septiembre de 1985.

Creo que también es algo inherente a la naturaleza humana, así que lo atribuyo a eso. Es un rasgo, una característica que tenemos la mayoría de las personas. Es algo humano.

Hay muchas historias en las que la gente da exclusivas a los medios sobre gente famosa, porque nadie quiere leer sobre una tal Mary Potts y su depresiva vida, ¡pobre chica! No da para una historia. Pero alguien con estatus, cualquier tipo de celebridad, saben que vende mucha prensa.

Soy el primero en aceptar las críticas justas, y creo que no estaría bien si sólo recibiéramos buenas críticas, pero es cuando recibes críticas injustas, deshonestas, de gente que no ha hecho sus deberes, cuando me enfado. Ese tipo de críticas las destrozo.

Sinceramente, no soy muy aficionado a leer la prensa musical británica, ya que ha sido muy injusta con nosotros. Me molesta cuando periodistas prometedores se colocan por encima de los artistas. Se han hecho una idea muy equivocada de nosotros. Se nos ha llamado «producto prefabricado de supermercado». Pero si nos ves encima de un escenario, verás cómo somos. Somos básicamente una banda de rock. Todas las luces y demás parafernalia sólo están allí para realzar lo que hacemos. Creo que somos buenos compositores, y queremos tocar buena música, no importa cuánta mierda nos echen encima. La música es el factor más importante.

Hicimos nuestra primera gira como cabezas de cartel y nos pusimos de moda, sin ningún apoyo por parte de los medios de comunicación. Supongo que les gusta descubrir sus propios grupos, y nosotros fuimos demasiado rápido para ellos.

No me fijo mucho, la verdad. Pueden decir lo que quieran. No es constructivo en absoluto. La prensa norteamericana hace sus deberes y el tipo de preguntas que te hacen dan lugar a mejores artículos, de todas maneras. Te preguntan cosas más relevantes, creo. Puedes saber que han hecho los deberes porque te hacen preguntas muy perspicaces, lo cual no me importa, porque entonces sabes que tienen más sustancia. Todo tiene mucha más relación con lo que escriben. Pero aquí, en Inglaterra, todo es en plan: «¿Por qué has dejado de llevar las uñas pintadas de negro, Freddie Mercury?». Luego están las críticas del álbum..., y no tienen ni idea.

En este país, conseguir cierto respeto tras algún tiempo parece muy difícil, como mínimo. A la prensa le gusta pensar que te tiene en sus garras. Bueno, pues nosotros nos libramos de sus garras.

En Norteamerica no tienen el mismo tipo de prejuicios. Si allí son así, ¿por qué aquí no? Aquí son más estrechos de miras. Son unos cabrones arrogantes que no quieren aprender. No quieren que se les diga nada. Creen que lo saben todo incluso antes de que haya ocurrido.

No somos sólo un grupo de rock típico. Hicimos cosas que la gente ni se esperaba, y no por el mero hecho de hacerlas, sino porque era una etapa por la que estábamos pasando. Algunas personas solían pensar que todo lo que hacíamos era una copia del rock y que sólo podíamos hacer un único estilo. Lo siento por algunos periodistas que eran muy estrechos de miras y pensaban así, porque sólo tenían que rascar un poco y hacer bien sus deberes para averiguar de qué iba realmente la banda.

Podría ser que tuviéramos el respaldo de la gente porque parecía que nos abríamos paso con mucha rapidez. Ganamos popularidad más rápido que la mayoría de los grupos y se hablaba de nosotros más que de ellos, así que era inevitable. Nadie había oído hablar de nosotros y de repente éramos los cabezas de cartel. Pero naturalmente eso no ocurrió de ese modo. De alguna manera pasamos sigilosamente por delante de los chicos de la prensa. De verdad, a ellos les gusta atribuirse el mérito de descubrir bandas nuevas antes que el público, pero en nuestro caso estábamos allí antes de que nos cazaran.

Ya desde el principio, en lo que a la prensa musical se refiere, les gusta meter a las bandas que surgen en un saco determinado al que ellos consideran que perteneces. En los primeros tiempos no les gustábamos porque nosotros íbamos por libre. Ése también fue el caso de los Zeppelin. Simplemente, nos rebelamos y quisimos hacer lo que considerábamos más acertado, y no ir por un camino trazado por ellos. Desde que empezamos, siempre ha habido esta reyerta entre nosotros. Ahora, eso es algo habitual, es la norma. Pero no me preocupa en absoluto. Era más frustrante en los primeros tiempos, cuando la prensa no nos era muy favorable. Me deprimía mucho por culpa de la prensa británica, pero ahora creo que he aprendido a vivir con ello. Hemos convivido con eso durante años.

Mi vida privada es privada, y me parece bien que alguna cosa se filtre, así pueden aparecer citas mías escandalosas, pero eso es todo. Siempre habrá gente de la prensa que vaya a por ti, a darte caza. Hace poco apareció otra vez en un periódico una cita mía absolutamente fuera de contexto. Desde el principio la prensa siempre ha escrito lo que le ha dado la gana sobre Queen, y se sale con la suya. La mujer que escribió este último artículo quería una exclusiva mía absoluta, pero no consiguió nada. Le dije: «¿Qué es lo que quieres oír...?, ¿que trafico con cocaína?». Pero, por el amor de Dios, si quisiera hacer una gran confesión sobre mi vida sexual o sobre un puto aterrizaje de emergencia, algo gigantesco y con mucho bombo publicitario, después de todos estos años, de todos los diarios que hay, ¿acudiría a *The Sun* para hacerlo? Nunca iría a un periodicucho como ése. No lo haría en la puta vida. Soy demasiado inteligente. Se trata de una estrategia. Uno tiene que usarla en beneficio propio. Queridos, si todo lo que leéis en la prensa sobre mí fuera cierto, no estaría hoy aquí sentado con vosotros. Estaría muy preocupado por mi ego. De hecho, si todo fuera cierto, ahora ya estaría acabado, de veras.

Los medios de comunicación intentaron deshacer el grupo casi desde que empezamos, cuando logramos el éxito. Eso es lo que le encanta a la prensa. Me parece que les encantaría disolver a Queen. Creo que es una de esas cosas que sabes que después de muchos años van a intentar hacer. Muchos periodistas decidieron que necesitábamos un buen rapapolvo, sólo porque tuvimos el coraje de subir a lo más alto antes de que nos dieran su aprobación. Siempre tuvimos confianza en lo que hacíamos, por lo cual la prensa, en realidad, no logró deprimirnos. Si nos separamos, nos separamos, y los de la prensa querrán ser los primeros en enterarse.

A mi edad me estoy volviendo un poco formal. La verdad es que no pienso en eso. Realmente no soy muy consciente de ello, ahora no. Me importa un bledo si la gente me calumnia o habla de mí. Solía volverme muy paranoico por lo que decía la gente en los primeros tiempos, y quería salir retratado como yo creía, pero ahora todo está desproporcionado y no puedes controlarlo.

Actualmente me molesta un poco si *no* se me cita en la prensa o se reproducen mis palabras incorrectamente. Espero con impaciencia esos días en los que salen entrevistas mías publicadas. Muchas de las opiniones sacadas de contexto pueden hacer daño porque sientes que el tipo que las transcribe no lo ha hecho bien y, sin embargo, la gente leerá esas declaraciones y se las tomará como si fueran exactas. Eso es lo que me molesta un poco. ¿Pero qué puedes hacer? A veces puedes dar una entrevista y decir ciertas cosas y, luego, las reproducen de manera absolutamente errónea. Creo que la maldita prensa británica es muy buena en eso. Haces una entrevista larga de una hora y luego se limitan a sacar un párrafo donde sólo aparecen las frases jugosas, y entonces te dices: «¡Dios mío, Dios mío!». A veces das una entrevista y luego aparece el artículo y piensas: «¿Para eso di esa entrevista?», porque no tiene nada que ver con lo que dijiste de verdad. Me ha ocurrido infinidad de veces, pero es algo con lo que uno ha de aprender a vivir. Nunca me lo tomo tan en serio. Hubo una época, como ya he dicho antes, en que creía que me afectaba, pero nunca has de dejar que te abrume. Has de ponerlo en su contexto y verlo de manera más amplia. Así es tal y como yo lo veo. ¡Sólo es un artículo!

Creo en las personalidades, no en los periódicos. No me interesa una disputa entre nosotros y el *New Musical Express*. La gente piensa que porque ya no doy entrevistas estoy en contra de la prensa. Eso no es cierto. No me gusta dar entrevistas, porque si me pones delante una grabadora me quedo mudo.

Pienso que, hasta cierto punto, somos un objetivo fijo de la prensa porque nos hicimos populares con mucha rapidez. Pero nos pasamos dos años dando forma a nuestro directo. Te parte el alma escuchar que no eres más que un «producto prefabricado», que careces de talento, y que toda tu carrera es artificial. Nunca me ha gustado la prensa musical británica. Los periodistas solían sugerir que no componíamos nuestras propias canciones..., cuando la idea fundamental de Queen radica en ser originales. No me importa lo que digan los periodistas, hemos conseguido nuestra propia identidad. ¿Qué sabrán ellos? ¡Que se jodan si no se enteran!

18. «Staying Power»

Llegará un momento en que tendremos que dejarlo, cuando ya no pueda ir corriendo por el escenario, porque parecerá ridículo; pero ninguno de nosotros tiene ninguna intención de irse del grupo. Sería una cobardía dejarlo ahora.

Seguir teniendo éxito cuando has llegado a nuestro nivel es duro. Cuando has conseguido el éxito de una manera tan grande como nosotros, no quieres dejarlo correr de manera precipitada.

Lo más duro después de todos estos años es mantener el nivel de éxito que has conseguido. Ningún grupo puede permitirse estancarse en la rutina. Han de estar preparados para adaptarse a los tiempos, o incluso avanzarse a ellos, si quieren seguir teniendo éxito.

Creo que consideramos que nuestro éxito está justificado porque hemos trabajado duro. Pienso que, sencillamente, es nuestra recompensa. Me he dejado la puta piel, y sigo haciéndolo.

Resulta muy difícil, especialmente después de tanto tiempo, que se nos ocurran ideas totalmente provocativas y originales. Quiero hacer cosas diferentes. No quiero seguir con la misma fórmula una y otra vez, porque en ese caso acabaría volviéndome loco. No quiero quedarme trasnochado. Quiero ser creativo.

La gente espera mucho de ti cuando tienes éxito, pero en cierto modo sólo eres tan bueno como lo haya sido tu último disco. Pienso que el público puede ser muy voluble, pero en cierto modo me gusta. Creo que te juzgarán por lo último que hiciste, y si has tenido un éxito clamoroso, tienes que intentar esforzarte y superarlo.

No sé cuál es la respuesta. Sencillamente has de intentar hacerlo lo mejor posible. Realmente no puedes dormirte en los laureles, no conviene hacerlo. Podemos escudarnos detrás de lo que hayamos hecho antes; eso es muy fácil, pero ninguno de nosotros quiere hacerlo.

Es algo que siempre tienes metido en la cabeza. La única manera de descubrirlo es hacer un álbum y ver qué tal va. Es cierto que eso siempre te preocupa y si has estado retirado durante algún tiempo, no importa lo grande que seas ni el éxito que hayas logrado, siempre tienes metida en la cabeza la idea de que quizá te hayan olvidado, o que probablemente piensen que te has muerto o que el grupo se ha disuelto o lo que sea. Creo que ahora saben que seguimos adelante.

Constantemente queremos hacer canciones interesantes. El día que lo intentemos y hagamos algo que no nos resulte interesante será el día del fin del grupo. Los miembros de Queen se mantienen en sus trece, y si tenemos cosas que ofrecer que merezcan la pena, nos las arreglaremos. Si hiciéramos algo que los medios de comunicación esperaran que hiciésemos, eso sin duda sería dar un paso atrás. En estos momentos estamos contentos, porque hacemos lo que creemos que es lo más adecuado. Nunca hemos satisfecho los caprichos de los medios y nunca lo haremos.

Teníamos fe en nuestra música y queríamos presentarla de la mejor manera posible. Y si descubríamos que habíamos llegado a una sala en la que teníamos que ceder en algo, no tocábamos. Hubo casos en los que tiramos piedras en nuestro propio tejado, pero creo que, a largo plazo, eso nos ha ido bien, porque al final salió a relucir la verdad y aquello en lo que creíamos. No funciona siempre en todos los casos, pero en nuestro caso sí. ¿Estoy diciendo gilipolleces?

Siempre tiene que existir ese elemento de desafío para ir más allá. Es por eso que cuando la gente dice «¿qué vais a hacer ahora que habéis llegado a lo más alto?», yo contesto: «¡Chorradas! Aún no hemos llegado a lo más alto». Odio tener que admitir que hemos tocado techo, ¿sabes?, porque después de eso sólo te queda ir cuesta abajo. Creo que cuando has subido hasta arriba, lo único que queda es bajar. Cuando estás subiendo la escalera hacia el éxito, te quedas en la cima porque no quieres bajar. Eso es algo duro.

El mayor desafío es luchar para que la banda siga adelante cuando todo el mundo dice que se va a separar. Todo el mundo piensa que la banda se va a disolver. Llegó un momento en el que yo, nosotros, todos nos estábamos deprimiendo mucho y queríamos hacer cosas distintas. Y cuando tienes esa idea bien metida en la cabeza, como era el caso, cuando ocurre el más pequeño percance, o dicen que..., entonces sólo necesitas la más mínima excusa para que el grupo se separe.

¿Hasta dónde puedes llegar? Tienes que encontrar cosas diferentes que hacer. Te dices: «De acuerdo, aún nos queda esto por hacer y de alguna manera hemos de esforzarnos en ir en esa dirección».

Has de tener nervios de acero para sobrevivir a ese ritmo. Cuando logras el éxito todo se vuelve realmente difícil, porque entonces aprendes de verdad las cosas que hay detrás de este negocio. Descubres a los auténticos desgraciados. Cuando empiezas, no sabes nada del negocio. Has de ser muy fuerte y saber detectar a esos individuos. Todo aquél que haya logrado el éxito siempre acabará escaldado una o dos veces.

No existe ningún camino fácil hacia el éxito, ni ninguna escalera mecánica que te lleve a la cima. Siempre será un terreno competitivo. Ahora todo está creciendo cada vez más en la música rock, mucho más que nunca.

Si hubiera un libro de instrucciones, todo el mundo lo compraría y todo el mundo haría como churros la misma porquería de siempre.

Cuando nos embarcamos en esto, cuando despegamos, cuando nos arriesgamos, supimos, como fue nuestro caso, que iba a ser un trabajo duro durante todo el proceso, y estábamos preparados para asumirlo. Si no hubiésemos tenido esa previsión en los primeros tiempos el grupo se habría ido al garete.

No puedes depender siempre de la fama que tengas. La lealtad de tu base de fans es una cosa, pero no puedes esperar que perdure simplemente porque has logrado un éxito. Tienes que estar a la altura de las circunstancias. Si no puedes estarlo cuando es necesario, entonces olvídalo. No puedes vivir de tu pasado, y yo no puedo vivir de «Bohemian Rhapsody» todo el tiempo, porque pertenece a una generación totalmente diferente. No puedes seguir siempre igual. Debes cambiar todo el tiempo.

Cada vez es más duro. En términos de competitividad, hay un montón de nuevas bandas maravillosas que parecen aportar ideas más nuevas y frescas, y también hay tecnología más moderna. Resulta muy duro. Has de estar muy al tanto, siento que de he estar siempre alerta. Me gusta enterarme de lo que hacen los nuevos artistas, porque resulta muy fácil decir: «Bueno, después de diez años de éxito podemos repetir lo mismo de siempre». Odio hacer lo mismo una y otra vez. Me gusta estar al tanto de lo que está ocurriendo ahora e incorporar todas esas ideas en el seno de Queen. Soy muy consciente de eso y me anima a seguir adelante. Me interesa mucho lo que está ocurriendo ahora. Es una especie de investigación. Voy a ver todos los ballets y todos los musicales para averiguar qué está sucediendo. Quiero hacer cosas interesantes y cosas que no haya hecho antes.

Puedes volverte muy parcial tras haber conseguido mucho éxito durante mucho tiempo. Resulta muy fácil decir: «¡Oh, sí..., somos los mejores!». Pero, realmente, no creo que seamos uno de esos grupos. Nos fijamos nuestros propios retos. Es bastante fácil pensar que porque lograste el éxito diez años atrás puedes repetir lo mismo de siempre otra vez. Odio repetir una y otra vez las mismas fórmulas.

Hay tanta gente ahora que sé quiénes rebosan talento, pero, sencillamente, parece que no estén ni en el lugar ni el contexto adecuados como para mejorar, y eso puede ser muy frustrante. Nosotros estamos en una posición muy privilegiada en este momento, pero, aun así, no podemos relajarnos y dormirnos en nuestros laureles.

Después de todos estos años tocando juntos, a veces podemos llegar a aburrirnos unos de otros, sinceramente, y a veces quieres hacer algo que no sea sólo Queen, Queen, Queen. Me gusta mucho Queen, pero quiero hacer algo diferente o de lo contrario me convertiré en un maldito vejestorio y estaré en una silla de ruedas, y entonces será demasiado tarde para nada más.

No podemos vivir como un cuarteto todo el tiempo..., así que sientes que cada vez que das un paso es como una gorgona de cuatro cabezas o algo así.[24] ¿Sabes lo que quiero decir? Me gusta sentir que soy un individuo. Es difícil de conseguir. Es terrible que te consideren sólo como una cuarta parte de una entidad.

En un momento dado, dos o tres años después de que empezáramos, estuvimos a punto de separarnos. Creíamos que no funcionaba, había demasiados tiburones en el negocio y todo se nos hacía cuesta arriba. Pero algo dentro de nosotros nos animaba a seguir y aprendimos de las experiencias, de las buenas y de las malas.

Hubo momentos en los que pensé que debía dejarlo, y llegará un momento en que tendremos que dejarlo, cuando ya no pueda ir corriendo por el escenario en leotardos, porque parecerá ridículo, y no será muy favorecedor, pero ninguno de nosotros tiene ninguna intención de dejarlo. Sería una cobardía dejarlo ahora. La química nos ha funcionado, así que ¿por qué hemos de matar la gallina de los huevos de oro?

Creo que cuando todo se vuelve frenético, cuando hacemos un álbum y nos ponemos de los nervios entre todos y todo se convierte en algo agotador, es entonces cuando empiezas a pensar: «¿Realmente merece la pena después de todos estos años?, ¿por qué sencillamente no se va cada uno por su lado y así disfrutaremos más?». Pienso en estas cosas. Igual que los demás.

Después de cierto tiempo se convierte en algo muy trivial. Todo. Las canciones, la música, los aspectos musicales... Todo tiene que ver con el dinero, así que quizá conviene ser más abiertos al respecto. Casi todo el tiempo se habla de lo que hace cada músico en un álbum, así que si yo tenía más canciones que los otros miembros del grupo, eso les restaba importancia. Hasta ahí llegaron las cosas. Siempre intento que todo sea más diplomático, así que dije: «De acuerdo, no importa lo que ocu-

24. Según la mitología griega, las gorgonas eran tres hermanas monstruosas llamadas Esteno, Euríale y Medusa. (N. del T.)

rra, a partir de ahora todos tendremos las misma cantidad de canciones».

Después de todos estos años, no quieres pelearte tanto para conseguir salirte con la tuya. Ya lo he hecho antes, y creo que en buena parte esto debería ser divertido, igual que las grabaciones en directo también deberían serlo.

Creo que somos cuatro personas que al final necesitamos esto, incluso aunque no nos guste. Si fuera demasiado fácil, perderíamos el interés. Así que pensamos: «¡Oh, Dios mío! Lo mejor será seguir peleándonos». Supongo que yo soy así.

¿La razón por la que tenemos éxito, queridos? ¡Mi carisma total, por supuesto! Hablando en serio, creo que la razón por la que hemos permanecido juntos tanto tiempo es porque ninguno de nosotros quiere irse. Si te vas es como si fueras un cobarde. Mientras la gente siga comprando la música, entonces todo irá bien. Después de todos estos años, de todo ese tiempo, si seguimos juntos es porque nos apreciamos de manera instintiva. No tienes que pensar en el hecho de salir juntos por ahí, algo que apenas hacemos. Básicamente, sólo nos reunimos por la música. En esencia se trata de un trabajo. Hemos hecho juntos muchas cosas y ahora nos limitamos a seguir juntos para hacer música, lo cual es lo que nos motivó en un principio.

Creo que la longevidad es una parte muy importante de este negocio. Después de los primeros años tienes que pensar en cómo te vas a adaptar en este nuevo papel de tu vida, dentro de este círculo, porque esto se convierte en tu vida. Tienes que vivirlo y respirarlo. Así es cómo lo pienso yo.

Es una prueba de supervivencia. Naturalmente, todos podríamos irnos del grupo y decir que ya hemos tenido suficiente y vivir felices para siempre, pero no es por eso por lo que estamos en esto. Seguimos en esto para hacer música. Esto es lo que más me interesa.

Estamos muy ocupados y he recibido ofertas para hacer otras cosas, pero no las he aceptado porque, fundamentalmente, creo que hay mucho por hacer con Queen. No me gustaría hacer nada más, porque estaría traicionando las otras ideas.

En estos momentos no puedo pensar en nada más allá de Queen. Estamos en la cresta de la ola. Me siento como si fuéramos un volcán a punto de entrar en erupción. Queen posee un gran potencial y siento que en los próximos años vamos a llegar más lejos.

Si sintiera que la banda no va a ninguna parte, ya nos habríamos separado. Pero creo que hemos recorrido un largo camino. Y tengo esta tendencia a seguir adelante. Se necesita cierta mezcla de arrogancia y confianza. La gente *todavía* puede confiar en mí y en la banda. ¿Por qué crees que Hollywood tuvo tanto éxito? Tiene que ver con la decadencia y cosas similares. Es el tipo de estilo de vida con el que he crecido. Queen se mantiene en sus trece, y si tenemos algo que ofrecer que merezca la pena, seguiremos adelante.

Los rumores de que Queen se disuelve siempre están circulando. Hay algunas personas que parece que realmente quieren que nos separemos. Dios sabe por qué. Sí, existen muchas tensiones y mucho estrés en el grupo, y, a veces, tenemos unas broncas tremendas, pero luego el ambiente mejora. No es cierto que *siempre* estemos discutiendo. Digamos que existe cierta tensión que a menudo nos pone en situaciones difíciles. Pero una vez volvemos al trabajo que supone hacer música, nos olvidamos de todo lo demás. Además, prefiero alguna bronca tremenda ocasional que muchos días enfurruñados sin hablarnos, lo cual es muy contraproducente.

Las discusiones pueden ser muy virulentas, pero al menos despejan cualquier problema, y cada uno de nosotros sabe el terreno que pisa. No nos odiamos. Si así fuera, sería diferente, pero lo contrario también es cierto. Las broncas ocurren porque acabamos hastiados. Trabajar tan duro como lo hacemos puede resultar agotador y aburrido, y constantemente has de estar alerta para que las cosas no se vuelvan monótonas. Por ejemplo, hubo una época en la que todas nuestras giras parecían tener lugar en invierno, y yo quería romper con esa norma. Pensaba: «Me cago en la puta, hagamos una gira veraniega. Hagamos algo diferente».

Siempre han circulado los rumores sobre la ruptura del grupo. O bien el ego hace que el grupo acabe por separarse, o bien lo refuerza. En este momento formamos una buena piña. Creo que hemos llegado a una etapa en la que hacemos lo que queremos. Me parece que es la mejor manera de hacerlo. Odio tener que adaptarme y satisfacer las preferencias del público, o como mínimo lo que quiere la gente de la compañía discográfica. De hecho, estaba pensando en esto hace un par de días, y me dije: «Dios mío, éramos provocativos e innovadores en los días de "Bohemian Rhapsody", y es por eso que funcionó». Pero si ahora tuviéramos que empezar a complacer los gustos del público, diciendo que esto es lo que ellos quieren que les demos, reaccionaríamos en contra.

Así que vamos a hacer las cosas a contracorriente, en contra de las ideas que tenga la gente de lo que sea que esperen de nosotros. No nos asusta el hecho de hacerlo. No nos subimos al carro ni vamos de modernos. No, todo lo que hacemos lleva el sello de Queen. Pero estamos al tanto, no somos estúpidos. No nos limitamos a repetir lo mismo que hicimos hace cinco o seis años. Estamos en sintonía con lo que se hace hoy en día y así es cómo me gusta vivir.

Me gustan los retos y me encanta hacer cosas que se salgan de lo corriente. A veces, si eso funciona, funciona a lo grande, aunque también puede ser un fracaso estrepitoso, pero me gusta correr ese riesgo.

Recuerdo que teníamos un disco titulado *Hot Space* que pinchó absolutamente en Norteamérica, y todo el mundo dijo: «Oh, sí..., los de Queen corrieron un gran riesgo, pero fallaron, así que ahora ya saben que eso *no* es lo que deberían hacer». No, eso no sucede así. Si eso es lo que quiero volver a hacer, lo haré.

Creo que ahora ya nos hemos acostumbrado de tal manera a estar juntos que es el instinto lo que nos anima a seguir adelante. No existe un gran vínculo entre nosotros, pero musicalmente seguiremos respetándonos.

Es sólo el destino. Es un ingrediente que tenemos, una química..., y es una combinación que parece haber funcionado en nosotros. Eso no significa que no tengamos egos, todos tenemos unos egos terribles, razón por la que siempre se ha hablado de separarnos. Ha habido muy malas vibraciones y siempre ha habido uno u otro, alguno de nosotros, que ha dicho: «Quiero dejarlo correr». Pero creo que las cosas parecen haberse arreglado. No hay ninguna fórmula mágica para seguir juntos, puedes estar seguro.

En este momento, me sorprende bastante que sigamos adelante, que la gente siga comprando nuestros discos y que aún piense en nosotros como un grupo con quien se puede contar. Después de todos estos años, eso es todo un logro. Los Stones siguen en esto tras 27 discos, así que supongo que aún tenemos algo...

Estoy asombrado de haber aguantado juntos todos estos años. Todas las otras bandas siempre se acaban separando o han cambiado de miembros, pero seguramente somos las únicas cuatro *grande dames* que de hecho han permanecido juntas. Todos tenemos nuestros problemas de ego, pero no dejamos que vayan demasiado lejos. ¡Reinaremos durante mucho tiempo!

A veces nos hemos pasado un poco, pero así es Queen. En ciertos aspectos siempre hemos querido tirar la casa por la ventana. Eso es realmente lo que nos hace seguir adelante.

Es hora de hacer inventario. Todos nos hemos convertido en hombres de negocios, incluso sabiendo que es un error. Es algo que siempre ocurre si tienes éxito. Ser un músico no consiste sólo en editar discos, desgraciadamente. Ojalá fuera así. Ahora todos tenemos empresas, algunas conectadas con la música, otras no (estamos metidos en todo). O nos tomamos cierto tiempo libre para ver las cosas con perspectiva o las cosas empezarán a ir mal.

Ésta es la mejor industria en la que uno pueda estar involucrado, porque puedes hacerte rico y pasarlo estupendamente, pero es un trabajo muy duro. Soy muy feliz haciendo esto. Si no fuera así, lo dejaría. Ya no se trata de dinero. Todavía estoy hambriento por hacer cosas. Esto es lo que mejor se me da.

Si alguno dejara el grupo, cualquiera de los cuatro, ése sería el fin de Queen. Somos cuatro partes iguales interrelacionadas. Y los otros, sencillamente, no podrían funcionar de la misma manera sin cada uno de los miembros.

Somos cuatro. Un cuarteto fuerte. Seguiremos juntos hasta nuestra puta muerte. Hemos llegado a un punto en el que, de hecho, somos demasiado viejos como para separarnos.

De alguna manera, el concierto de Live Aid y nuestra gira de 1986, que batió todos los récords en algunos lugares, nos dio aún más ímpetu para continuar. Así que ¿por qué íbamos a dejarlo ahora? De todos modos, ¿qué demonios voy a hacer? Oh, ya estamos otra vez. No tengo nada más que hacer. De hecho, podría hacerme jardinero. Ocurren tantas cosas en mi jardín. Podría hacerme jardinero especializado en ornamentación japonesa.

Vamos a tomarnos un pequeño descanso, un descanso bien merecido, eso espero al menos. Pienso que, si lo dejáramos durante demasiado tiempo, entonces nos dispersaríamos y cada uno iría por su lado. Creo que tenemos que aprovechar este momento mientras las circunstancias sean tan favorables.

No deberíamos permitirnos explorar territorios diferentes estando muy alejados unos de otros, así que les he comentado que deberíamos pensar en esto. De esta manera, al menos sabemos que tenemos esa idea en la cabeza, así que no nos precipitaremos llevando a cabo proyectos en solitario que tengan tal envergadura como para no regresar al grupo.

Tengo muchos cambios de humor, queridos, y es por eso que, después de la gira de Magic, de repente, pensé que todo iba tan bien que me sentí con las energías renovadas. De repente vi que quedaban cosas que hacer con Queen. Realmente queremos seguir juntos.

Creo que ahora sabemos de manera instintiva lo que quiere cada uno. Es como un trabajo, como suelo decir. Nos reunimos, hacemos un concierto y, luego, cada uno va por su lado. Tenemos cuatro limusinas esperándonos después de cada concierto y vamos donde queremos.

Si llegamos a pensar que estamos en declive, lo dejaremos correr. Nadie me va a decir nunca que ya pasó mi momento, que ya disfruté unos cuantos años y que ahora es mejor que me dedique a otra cosa.

Admiro a la gente que puede hacer eso, a la gente que, de hecho, siente que ya no tiene tanta mecha, que ha dado lo mejor de sí misma y que ha llegado la hora de probar otra cosa. Pero eres *tú* quien lo ha de decidir. Al final decides tú..., no importa lo que sea. Puede que mucha gente venga a decirte eso, pero al final eres tú quien ha de darse cuenta. Tienes que aceptar el hecho de que se ha acabado y que ya has hecho bastante. Eso acaba sucediendo algún día.

Ésa es la razón por la que pienso —y quizá esté pasándome de la raya— que alguien como Nureyev está llegando virtualmente a ese punto en el que mucha gente dice que ya es muy mayor para ser un bailarín, y que no puede recrear los increíbles papeles que solía hacer. Pero sigue siendo un buen caballo luchador, ¿sabes? Sigue al pie del cañón. Llegará un momento en que tenga que decirse a sí mismo: «Ya he tenido suficiente». Es por eso que cada vez más se está metiendo en la dirección y en cosas por el estilo. Dice que siente que le quedan aún un par de años y que va a entregarse al máximo, y luego lo va a dejar.

Con el tiempo, si has seguido teniendo éxito, hay cierta gente que te ha seguido y ha crecido contigo. Siguen apoyándote y aceptarán sea lo que sea que hagas: eso es lo que es un fan incondicional, en mi opinión. Creerán en aquello que hagas. En lo que a Queen respecta, cambiamos muy a menudo, y un fan estoico aceptará de buena gana lo que vayamos a hacer a continuación.

Creo que tenemos unos fans acérrimos. Después de todo, tan sólo es un juego..., pero un juego serio. De hecho, mucha gente ha crecido con nosotros, y aún les seguimos gustando, aunque también pienso que hemos perdido a mucha gente. Puede que haya fans con los que hablo por la calle que digan: «Me gustan vuestros primeros discos, pero no me gusta lo que estáis haciendo ahora». Pero también, al mismo tiempo, hay gente que se acerca y dice que le gusta nuestro nuevo material y ni siquiera sabe qué hicimos hace cinco o seis años, por lo que supongo que todo queda compensado.

Los fans de Queen son muy diferentes, lo cual está realmente bien. Odiaría pensar que tenemos un público muy concreto. Me encanta que sea así, y prefiero eso a tener los fans de alguien como David Essex, que tiene unos seguidores muy parecidos entre ellos. Nosotros parece que tenemos fans muy distintos, dependiendo de a dónde vayas. Está bien que no tengamos fans que sean como un rebaño de ovejas, aunque a veces te encuentras con el típico fan kamikaze que, una vez ha decidido que va a por ti, lo hace. Una vez los fans kamikazes se deciden a ir a por ti, no les detiene nada a menos que tengas una especie de guardaespaldas karateca. A veces es literalmente como una versión de *Los pájaros*, de Hitchcok, especialmente en Japón, con todos esos fans chillones que se comportan como si quisieran *picotearte*; es muy surrealista, es algo totalmente inaudito. Pero, ¿sabes? El público también varía muchísimo en este país.

Todo podría terminarse mañana. No me da miedo. Es una vida precaria pero creo que me gusta que sea así. Me gusta que sea un tanto incierta. De acuerdo, soy una persona bastante acomodada, pero el dinero del banco no significa nada para mí. Me lo gasto tan rápido como llega. Podría estar sin blanca mañana, pero no me preocuparía demasiado. Tengo este instinto de supervivencia.

No me levanto cada mañana preguntándome qué haría si Queen decidieran separarse. Me lo tomaré según vengan las cosas. Nos tomamos nuestro trabajo tan en serio como un abogado. No puedo predecir si continuaremos, pero mientras sigamos haciendo cosas nuevas, la llama seguirá viva en Queen. No creo que hayamos alcanzado nuestro punto culminante. Aún quedan muchas cosas por hacer en el seno de la banda. Queen seguimos en activo. Recientemente no hemos tenido problemas ni malas vibraciones. Creo que todos estamos bastante contentos en este momento. ¡Las cuatro damas viejas aún siguen rockeando!

Pase lo que pase, seguiremos adelante hasta que uno de nosotros caiga muerto, o lo que sea, y entonces se buscará un sustituto. Creo que, si de repente me fuera del grupo, tendrían el impulso de sustituirme. ¡Aunque no es fácil sustituirme!, ¿verdad?

19. «In The Lap Of The Gods»

De ahora en adelante, queda descartado ir vestido de manera estrafalaria en el escenario. No creo que un hombre adulto de 42 años deba seguir corriendo con los leotardos puestos. No es muy favorecedor.

Hemos sido muy afortunados. No creía que fuéramos a durar tanto tiempo. Pensaba que, después de cinco años, se habría acabado todo y que tendría que pensar en hacer otra cosa, hacerme mujer de la limpieza o algo así.

Estoy muy orgulloso del hecho de que aún siga en esto después de tanto tiempo, que siga vendiendo discos y que aún sea alguien a quien tener en cuenta. No me lo esperaba. Estoy orgulloso, y también asombrado. Aún sigo haciendo música y aún se me reconoce. Oyes hablar de la gente que se queda sin ideas, así que estoy satisfecho de poder ofrecer cosas diferentes, nuevas canciones y nuevas ideas después de todo este tiempo. Eso para mí es lo máximo. Es la guinda del pastel. Ha llegado un momento en el que de hecho somos demasiado mayores como para deshacer el grupo ahora. ¿Puedes imaginarte formar un grupo nuevo a los 40? Sería un poco ridículo, ¿verdad?

Ahora hacemos cosas en un estilo diferente al de todo el mundo. Simplemente ocurre así. Sólo hacemos *nuestro* estilo, porque es realmente en lo que creemos. Creo que Queen, de hecho, tiene una segunda vida. Después de tantos años pensaba que la gente se olvidaría de nosotros, pero recientemente ha habido como un renacimiento. Estoy bastante sorprendido. Te da un estímulo añadido pensar que aún gustamos a la gente y que eso es lo que te hace seguir adelante. Es como lo que he dicho en el escenario... hasta que vosotros, puñeteros, dejéis de comprar nuestros discos, seguiremos aquí. Si nos queréis, estaremos aquí.

Es una cuestión de llegar a reconocer el hecho de que todo podría acabarse un día, y cuanto más tiempo seguimos adelante, más cerca estamos de esa situación. En el fondo de mi mente sé que, obviamente, todo terminará, y que ahora podría acabarse en cualquier momento. Ésa es mi motivación, más que nada. Me motiva más pensar de esa manera que cualquier otra cosa.

No quiero sonar como Gloria Swanson[25] o alguien por el estilo, pero NO llegaré a la conclusión de que esto se va a terminar. En estos momentos siento que aún tenemos algo bastante valioso que ofrecer, seguimos con la misma confianza que teníamos cuando empezamos.

De una u otra manera intentaré asegurarme de seguir en la industria musical, porque eso es todo lo que sé hacer, sinceramente. He olvidado todos mis otros oficios que tuve. No podría volver a ejercer de ilustrador porque he perdido todo contacto con ese mundo. Sería una persona muy aburrida si me despertara cada mañana y pensara: «Dios, ¿qué voy a hacer si todo se acaba hoy?». Esperaré, y si eso ocurre será de manera espontánea. Por la vida que llevo en estos momentos no sé qué es lo que haría. Pero no pienso en esos términos. Ahora las cosas *van* bien, así que ¿por qué demonios debería pensar en eso? Es ser un poco negativo, y no quiero ser negativo. Sólo quiero seguir adelante, tener ideas frescas y pensar en lo que voy a hacer a continuación. Es como una especie de gran empresa y mientras no nos lo tomemos demasiado en serio, nos irá bien.

Soy muy feliz haciendo esto. Si no lo fuera, lo dejaría. Ya no tiene que ver con el dinero. En cierta manera estoy en deuda con los fans. No puedo haber llegado hasta aquí y luego de repente decir: «¡Sí, ya he conseguido mi dinero, se acabó!». No, yo no soy así. Seguiré dando lo mejor de mí mismo. Es lo que sé hacer mejor.

---

25. Gloria Swanson (1897-1983): actriz estadounidense. La llegada del cine sonoro produjo tal crisis en su carrera que decidió retirarse de la interpretación; a pesar de ello, protagonizó cinco películas más, entre las que destaca *El crepúsculo de los dioses* (*Sunset Boulevard*, 1950) del director Billy Wilder *(N. del T.)*

En estos momentos de mi vida lo estoy pasando bien. Antes me tomaba muy en serio lo de tener éxito y ser una estrella y todo eso, y pensaba: «Así es cómo se comporta una estrella». Ahora me importa un bledo. Sólo quiero hacer las cosas a mi manera, y quiero pasármelo bien haciéndolas. Si me tomo las cosas de esa manera ceo que se reflejará en las canciones que escriba. Básicamente he aprendido a estar tranquilo. No soy tan paranoico como solía serlo. No me da miedo expresarme y decir lo que quiero, o hacer las cosas que quiero hacer. Al final, ser natural y ser auténtico es lo que gana, y espero que eso también se note. No me preocupa cometer errores. Soy demasiado viejo para eso.

Dentro de diez años, seguro que no llevaré la misma ropa ni iré corriendo por el escenario. No sé qué estaré haciendo entonces, pero sé una cosa..., seguiré pasándolo bien.

Ya he tenido suficiente con esas luces rimbombantes y los efectos escénicos. De ahora en adelante, queda descartado ir vestido de manera estrafalaria. No creo que un hombre adulto de 42 años deba seguir corriendo con los leotardos puestos. No es muy favorecedor. A los 45 o los 50, si la gente piensa que seguiré correteando por el escenario, está equivocada. Sería algo totalmente erróneo. Sería ridículo. Voy a ofrecer nuestra música vestido de manera más informal. El mundo ha cambiado, la gente quiere algo más directo.

Los días de los fans chillones y todo lo que conlleva se han acabado para nosotros. Hemos crecido. La gente que compra nuestros discos también ha crecido. Ahora las cosas son más sofisticadas y maduras.

Hemos tenido un éxito enorme en todo el mundo y nunca podría haber previsto el éxito que hemos alcanzado fuera de Gran Bretaña. Creo que ahora tenemos cierto reconocimiento y respetabilidad, somos músicos respetables por haber escrito buenas canciones. Eso para mí ya está muy bien.

Quiero ir a lugares en los que nunca he estado. Para mí lo más importante es la gente. La música debería circular por todo el mundo. Quiero ir a Rusia y a China, y a lugares por el estilo, sitios que nunca he visto, antes de que sea demasiado tarde, antes de que acabe en una silla de ruedas y no pueda hacer nada. Y... ¡también seguiré llevando las mismas mallas! Puedo imaginarme cómo me empujan en una silla de ruedas hacia el escenario, al lado de un piano, y cantando «Bohemian Rhapsody».

Si quiero probar cosas diferentes —caminar por la cuerda floja, vivir al filo de la navaja— y hacer cosas sin red y que sean perjudiciales para mi carrera, ¿qué pasa? Lo haré.

He hecho muchas cosas en mi carrera que quizá no debería haber llevado a cabo, pero aprendes de tus errores. Me arrepiento de algunas de esas cosas, pero ¿no le ocurre a todo el mundo? Creo que fue una decisión errónea optar por cierto tipo de gestores en los primeros años, pero puedo acordarme de ellos y decir: «Bueno, estoy contento, porque así es cómo aprendí».

Cosas como llevar mallas en el escenario... En esa época, por supuesto que estaba totalmente convencido de hacer eso. Cuando hice lo del ballet y llevaba cierto tipo de ropa, recuerdo, como es habitual, que los medios lo exageraron, diciendo: «Oh, aquí lo tenéis, Freddie Mercury va a cambiar el rock'n'roll llevando el ballet al terreno de la música pop». Y creo que si todavía llevara el cabello largo y las uñas de negro y llevara toda esa ropa ahora, tendría un aspecto ridículo. Entonces parecía ridículo, ¡pero funcionaba!

Cuando recuerdo toda esa laca negra de las uñas, las gasas, el satén y todo ese *atrezzo*, pienso: «¡Dios! ¿Qué estaba haciendo?». Solía necesitar todo eso en directo. Me hacía sentir más seguro. Pero ahora ya no. He madurado un poco. Recuerdo eso y pienso: «¡Oh, menudo gilipollas!, ¡menuda "tía" ridícula!». Y entonces me río de eso. Me resulta embarazoso recordar ahora muchos de esos trajes, pero en esa época me lo tomaba muy en serio. Sin embargo, también tuve siempre cierta dosis de humor.

Nadie podría cachondearse de mí tanto como yo me cachondeo de mí mismo. Ya lo hice con toda esa ropa y demás cosas. Pensaba: «No te tomes tan en serio». Y la mejor manera de hacerlo es ponerse un traje ridículo y salir al escenario y aparentar estar serio; pero, en el fondo, ser irónico y decirte «mientras *tú* lo sepas, está bien» era algo que me encantaba. Era maravilloso.

En mis tiempos, como fue el caso, lo que imperaba era el glam rock. Y nosotros, simplemente, conectamos con eso: la ropa, el glamour y toda esa imagen. Si yo no hubiese cambiado, te digo que hoy no estaría aquí.

No me arrepiento de la mayoría de las decisiones que tomé. Recuerdo con disgusto algunas de las cosas que hice y naturalmente pienso: «Dios mío, ¿cómo pude haber hecho eso?». Pero tengo que decir que, por encima de todo, defenderé la mayoría de las decisiones que he tomado.

He tenido contratiempos y problemas enormes, pero me lo he pasado muy bien y no lamento nada. ¡Oh, querido, parezco Édith Piaf![26]

No pudo retirarme. ¿Qué otra cosa podría hacer? Es algo muy divertido. Estoy muy contento con lo que he conseguido. He llegado a donde quería llegar. Tengo suficiente dinero, tengo éxito y obtengo halagos. ¿Qué más puedo querer? ¡Sólo soy una prostituta musical, queridos míos!

Me he ganado el sustento, sinceramente. He trabajado duro para conseguir lo que tengo. He trabajado duro para conseguir el dinero. Nadie me lo ha regalado. Me lo he ganado y es mío para hacer lo que quiera con él. Miro atrás y me digo a mí mismo: «Bien hecho, querido mío. Buena suerte para ti. Lo has hecho tú solo».

¿Si tuviera que hacerlo todo otra vez? Sí. ¿Por qué no? Quizá algunas cosas las haría de manera ligeramente diferente. No me arrepiento de nada.

---

26. Édith Piaf (1915-1963): cantante y actriz francesa; su música reflejaba su turbulenta vida, y llegó a ser un icono parisino y la musa de los existencialistas en la década de los años cincuenta. *(N. del T.)*

20. Paseando con el destino

No espero llegar a viejo y, lo que es más importante, realmente no me importa. Desde luego, no tengo ninguna aspiración de vivir hasta los 70. Sería muy aburrido. Me habré muerto e ido mucho antes.

Algunas personas se conforman con ser los segundos, pero yo no puedo. Lo veo como una derrota. Si puedes ser el número uno, entonces el número dos no es lo suficientemente bueno.

Lo que hago ahora mismo es lo que más me interesa, y estoy muy contento de que la gente compre mis discos y de que yo le guste. Sencillamente, no quiero darme por vencido. Cuando las piernas me fallen, seré feliz simplemente estando sentado y con vendas, ¡cosiendo calcetines para marineros! Sólo voy a detenerme si la gente deja de comprar mis discos. Mientras la gente siga comprando la música, todo irá bien. Cuando dejen de comprar mis discos me despediré y haré otra cosa, me convertiré en un artista del *striptease* o me dedicaré a pintar o lo que sea.

Seguiré adelante mientras escriba música y la gente quiera comprarla. Eso es muy importante para mí, pero no es lo único. No seré uno de esos actores histriónicos que siguen y siguen. Prefiero dejarlo estando en la cima y dedicarme a otra cosa.

Quiero seguir haciendo lo que hago, pero se tiene que pagar un precio y estoy bastante preparado para pagarlo. Para mí, lo que hago es lo prioritario y es lo que me encanta hacer. La música es lo que me hace seguir. Mi talento musical es como un escudo para mí. Puedo protegerme de todo tipo de cosas.

Así que, esto es como librar una batalla todo el tiempo, pero no me importa mientras gane y consiga algunas cosas. Me he construido una especie de fe musical en mí mismo, y eso me hace seguir adelante.

Lo llevo en la sangre. Lo único que puedo hacer es componer música e interpretarla, y eso es lo que voy a seguir haciendo —creo que eso es lo que *todos* nosotros seguiremos haciendo— hasta que me muera. Si no hiciera esto, no tengo nada más que hacer. No sé cocinar, y no se me da muy bien ser un ama de casa. Me parece que llevo haciendo esto tanto tiempo que no sé hacer otra cosa. Sería muy vulnerable y no sabría qué hacer, así que tengo que seguir haciendo esto.

No es una cuestión de *tener* que seguir haciéndolo, por supuesto —he ganado mucho dinero y podría vivir fantástica y maravillosamente el resto de mi vida—, pero vivo de tal manera que tengo que hacer algo cada día. Tengo una energía nerviosa que me impulsa a estar haciendo algo. Tengo una voz en mi interior que me dice: «¡Frena un poco, te vas a quemar!». Pero no puedo parar. Es esta energía nerviosa que tengo. Básicamente compongo música y quiero seguir haciéndolo. Tengo muchas canciones y disfruto haciéndolas. ¿Sabes? Antes lo consideraba mi trabajo, mi empleo, pero ha llegado a un punto en el que, aunque sigue siendo mi trabajo, no estoy *obligado* a hacerlo. Siento que es algo que disfruto haciendo y es muy interesante. Aún tengo por delante muchos retos y voy a recibirlos con los brazos abiertos.

En el fondo, nos apreciamos y nos gusta la música que hacemos. En definitiva, eso es todo. Y si no nos gustara la música, pues adiós muy buenas. Realmente no sé qué cosas ocurrirán dentro de 20 años. Estaría muy bien si por entonces la gente siguiera comprando nuestros discos. Pero odiaría tener que hacerlo sólo para vender discos y ganar dinero. Lo hacemos porque nos interesa, y si perdiera el interés me largaría a hacer otra cosa. Me gusta probar cosas diferentes, y en este momento hay muchas cosas que podemos hacer en el seno de Queen. Quizá un día me diga a mí mismo: «Ya he hecho bastante con Queen, así que ahora haré otra cosa». Pero no sabría decirte si eso va a ocurrir mañana o dentro de dos años o de aquí a diez años. Vamos a esperar a ver qué pasa.

En estos momentos me lo estoy pasando bien. Simplemente quiero hacer las cosas a mi manera, y quiero disfrutar haciéndolas. Ahora mismo no me apetece mucho salir de gira. Es como cuando queríamos romper con la norma de disco-gira-disco-gira. En lo que a mí respecta, llevo dos años en el estudio —grabando el disco de Queen [*The Miracle*, 1989] y, antes, haciendo el disco de Montserrat Caballé— y pensaba que no era lo más adecuado para mí. Pienso que sería como volver exactamente a lo que dijimos que no íbamos a hacer.

Creo que es sólo cuestión de tiempo. Simplemente hemos de esperar y ver qué ocurre. Entonces, si se presenta la oportunidad y decidimos que queremos salir de gira, lo haremos. Pero, personalmente, no quería salir de gira con el mismo pretexto que antes, cuando sacábamos un álbum y salíamos otra vez a la carretera. En lo que a mí respecta, ya hemos tocado en todas esas salas grandes y demás, y ahora tenemos que pensar en algo diferente. En los últimos años todo lo que hemos hecho ha sido un álbum en estudio por año y, a continuación, hemos salido de gira por todo el mundo, y luego, para cuando estamos de vuelta, ya tenemos que pensar en el siguiente álbum.

Para nosotros, llegar a este nivel y seguir aquí después de todo este tiempo... Creo que nunca hubiéramos llegado a este punto si no nos hubiéramos tomado esos dos años libres [1987/88]. De verdad. De hecho, sirvió para descansar de Queen, hacer otra cosa, y darnos cuenta de que echamos de menos a Queen y que queremos volver y hacer algo nuevo. Es por eso que creo que este álbum [*The Miracle*] suena tan fresco.

Somos cuatro personas con ideas muy diferentes, y se necesitan cuatro personas para querer hacer esto. Si una persona no quiere salir de gira, entonces no puedes ir. Creo que ahora mismo soy el único aguafiestas, y sería muy honesto por mi parte decirlo. Soy el único que no quiere salir de gira.

No creo que haya decepcionado a los demás, ni nada por el estilo. Es sólo que si uno de ellos no quisiera hacer este disco, entonces los demás tendríamos que estar de acuerdo, porque no tiene sentido obligar a nadie, especialmente después de todos estos años. Sería algo terrible. Has de tener unas ganas tremendas para hacerlo, para hacer lo que hemos hecho todos estos años. Odiaría tener que hacer ese tipo de trabajo *tan duro* simplemente por obligación. Lo que quiero decir es que no necesitamos más dinero, por lo que no estamos haciendo esto por dinero. Creo que lo hacemos por la música, lo cual sé que suena muy manido, pero lo hacemos porque aún nos motiva la música en nuestro interior.

A veces creo que hay más cosas en la vida que limitarse a dar vueltas por el planeta de manera enloquecida. No puedo seguir con ese ritmo igual que antes, es demasiado duro. No es apropiado para un hombre de mi edad. Ya se acabaron mis noches de juergas locas, pero no porque esté enfermo, sino por mi edad. Ya no soy una persona joven e inexperta. Ahora prefiero pasar el tiempo en casa. Forma parte del proceso de hacerse mayor, en esto consiste hacerse mayor. Intento descansar y estar más tranquilo.

Siempre he sido una persona seria, pero aún tengo una naturaleza frívola. Supongo que al tener 39 años te tomas las cosas de manera más calmada. Es algo en lo que no pienso de manera instintiva. También creo que si te preocupas demasiado a menudo por eso, acabas envejeciendo. No me preocupan las arrugas ni cosas por el estilo. No me levanto por las mañanas y corro hacia el espejo para ver cuántas arrugas tengo. Creo que ésa es la mejor manera de afrontarlo. No me preocupa. Quiero decir que vas a envejecer, y a mostrar un aspecto envejecido, y así son las cosas, no importa cuántas cremas utilices. Pero eso no va conmigo. No hay nada que se pueda hacer al respecto. No me preocupa parecer viejo. Lo que importa es cómo te sientes por dentro. Suena a cliché, lo sé. Y no me importa engordar, de hecho me encantaría ganar un poco de peso y ser un poco rechoncho.

No estoy mal para tener 39 años, nada mal en absoluto. Y no me he hecho ningún *lifting*. Seguramente, habrá gente que mire a ver si tengo señales de cirugía estética al levantarme el cabello, pero no, ¡no tengo nada que ver con Michael Jackson!

No sé cómo se lo toman los demás, pero a mí no me preocupa mi edad en absoluto, porque sé que, de todas maneras, tengo un buen aspecto. ¿Por qué la gente se preocupa por la edad? No puedes hacer nada al respecto, no puedes rejuvenecer.

No me preocupa ni el hecho de rejuvenecer ni el de envejecer, sólo quiero vivir la vida plenamente y pasar la vida haciendo cosas maravillosas. Sencillamente, no quiero preocuparme del tema. Creo que la edad puede ser una buena cualidad porque la edad significa experiencia, y yo utilizo toda la experiencia que he acumulado a lo largo de los años para sacar provecho de ella.

Estoy en perfecta forma y sano, pero, naturalmente, me preocupo por mi salud. ¿No le ocurre lo mismo a todo el mundo?

Rezo para no contraer nunca el sida. Tengo muchos amigos que lo tienen. Algunos han muerto, otros no vivirán mucho tiempo más. Me aterra pensar que yo pueda ser el siguiente. Inmediatamente después de tener relaciones sexuales pienso: «¿Te imaginas que ésta haya sido *la vez*? ¿Te imaginas que ahora tengas el virus dentro del cuerpo?». Salto a la ducha e intento fregarme hasta quedar limpio, aunque sé que es inútil.

Me sentí totalmente desolado cuando me enteré de la muerte de algunos de mis amigos por el sida. Me hizo ser consciente de la gravedad de la enfermedad. Lo aprendí de la peor manera posible. Cuando eres joven, eso resulta mucho más duro. Estaba pensando el otro día que nosotros fuimos afortunados al corrernos nuestras juergas entonces, pero los jóvenes están empezando ahora. Es algo a lo que los jóvenes se han de enfrentar.

Solía vivir para el sexo, pero ahora he cambiado. He dejado de salir de marcha, se han acabado las noches de fiestas salvajes. Casi me he convertido , poco a poco, en una monja. Es increíble. Pensaba que el sexo era algo muy importante para mí, pero ahora me he dado cuenta de que he cambiado completamente de opinión. En otro tiempo, fui tremendamente promiscuo, buscaba el exceso en cualquier dirección, pero ahora soy totalmente diferente. He acabado con todo eso y no echo de menos ese tipo de vida. No me supone ningún problema.

¿Sabes? Soy una de esas personas que pasan del blanco al negro. No me gustan las medias tintas. Me resulta bastante fácil dejar las cosas. Puedo dejar el alcohol cuando quiera. El sida me ha dado un susto de muerte, por lo que he dejado de tener relaciones sexuales. Ahora sólo me gusta la estimulación. Me va la estimulación. Es mucho más divertida. ¿Qué más puedo hacer? ¡He dejado de tener relaciones sexuales y he empezado a cultivar tulipanes!

No puedes esperar sencillamente que la gente se abstenga del sexo para siempre. Creo que el mensaje del sexo seguro es fundamental y crucial. Cualquiera que se vaya a la cama con otra persona debería hacerse una prueba del sida.

Esto de lo que estamos hablando es algo muy, muy serio. Creo que la gente ahora tiene que esperar, están por llegar tiempos mejores. Esto del sexo seguro realmente merece la pena, pero, además, puedes seguir pasándolo bien. No puedes esperar que la gente deje de tener relaciones sexuales y ya está. La gente se está volviendo histérica, se creen que tienen el sida y se ponen inyecciones, y luego la gente descubre que, después de todo, no lo tenían. La gente debería ser cautelosa, pero no volverse paranoica.

Ahora vivimos con él, lo tenemos aquí, en la puerta de tu casa, y serías un idiota si dijeras que no has oído hablar de él. No puedes escaparte de eso. Pero si vamos al quid de la cuestión, tengo amigos que han muerto de sida. Es desolador.

¿Cuánto más se puede insistir en eso? ¡Yo no soy el salvador de la puta enfermedad! Me gustan esos anuncios de la televisión en los que se dice que todo el mundo es igual ante el sida, que el dinero no significa nada. El sida es imparcial. El sida es imparcial con respecto a quien seas o lo que hagas. ¡Va a por ti!

Antes yo era muy insaciable. Era promiscuo, eso es cierto, pero he acabado con todo eso porque me he vuelto práctico. Ya sabes de lo que estoy hablando. Depende de cada persona. La mayoría de la gente convive con el sexo, pero mucha gente no puede vivir sin él. Mucha gente simplemente lo considera un pasatiempo. No quiero decir de repente que el sexo sea aburrido o esté sobrevalorado porque eso sería absurdo. Y es que a pesar de haber dicho esto yo era muy promiscuo, por lo que sería una contradicción.

Suena como si estuviera poniendo el sexo en un pedestal, pero no es así. ¿Sabes? En todo lo que hacía había sexo. Para mí era como si fuera lo máximo. Estaba abierto a todo, el sexo era un ingrediente básico de lo que estaba haciendo. Era un factor clave en muchas de las cosas que hacía. Pero nunca habría pensado sólo en el sexo y nada más. Vivía la vida plenamente y el exceso formaba parte de todo lo que emprendía. Naturalmente, también había música. Tenía todo eso. Sopesaba todo junto y vivía lo que alguien denominaría una vida plena en todos los sentidos. ¿Por qué no?

Ahora tengo una muy buena relación, y también tengo una edad, así que la palabra *estabilidad* entra en juego. No puedes decir que llevas una vida estable e ir por ahí follándote a medio mundo. Y no lo echo de menos. De verdad que no.

Como ya he dicho antes, creo que, al final, ser natural y auténtico es lo que prevalece. No me preocupa cometer errores, creo que ya soy demasiado mayor para eso. Esto es una prueba de supervivencia.

Llegará un punto en el que habrá una votación unánime, o lo que sea, cuando creamos de manera instintiva que Queen ya hemos llegado donde queríamos llegar y ya no quede nada por hacer que sea constructivo o creativo. Y, de hecho, lo último que quiero hacer es forzar las cosas en el seno de Queen. Preferiría dejarlo cuando el grupo está en un buen nivel y entonces hacer algo completamente diferente. Y estoy convencido de que todos pensamos de manera similar.

Sé que llegará un momento en el que tendré que parar, pero la música seguirá siendo lo mío, así que tendré que pensar en términos de lo que *puedo* hacer. No quiero acabar mi vida siendo tan sólo una estrella del rock'n'roll. Quizá pueda dedicarme a la producción discográfica o seguiré escribiendo canciones, porque quizá no tenga la resistencia física como para ir corriendo por el escenario, pero aún puedo escribir canciones. Así que, de una u otra manera, la música seguirá estando presente en mi vida.

Sé que puedes volverte muy indiferente, pero en cierto modo cada vez resulta más difícil porque ahora es una cuestión de resistencia. Lo has conseguido todo, así que ¿qué más queda? Pero el asunto es que no tengo nada más que hacer, así que no puedo dejar de hacer lo que estoy haciendo. Podría vivir del dinero el resto de mi vida, pero no soy de esa clase de personas. Quiero trabajar porque de lo contrario me aburro.

Me encanta el hecho de hacer feliz a la gente, de la manera que sea. Incluso si sólo se trata de media hora en sus vidas, si puedo hacer que se sientan afortunados o hacer que se sientan bien, o hacer que sonría una cara amargada, eso para mí ya merece la pena.

Realmente, no quiero cambiar el mundo. Para mí la felicidad es lo más importante, ser feliz y pasarlo bien. Si soy feliz, eso se aprecia en mi trabajo. Tomo nota de todo, pero al final hago las cosas tal y como lo siento. Escucho los consejos, pero no puedo escuchar a todo el mundo, ya que de lo contrario dejaría de ser yo mismo. Al final tú eres tu propio jefe y quien demuestra lo que vales, lo cual te pone en una situación muy vulnerable. Ésta es mi vida, soy quien manda en ella y, para mí, ésa es la única manera de ser. Escucho las críticas y los consejos, pero acabo siendo yo quien decide. Al final, todos los errores y todas las excusas son atribuibles a mí. No puedo escurrir el bulto. Me gusta pensar que he sido honesto conmigo mismo y, en lo que a mí respecta, quiero tener tanta vida y diversión como sea posible en los años que me quedan.

¿Si mi música superará el paso del tiempo? ¡Me importa una puta mierda! No estaré aquí para preocuparme. Dentro de 20 años... estaré muerto, queridos. ¿Estás loco?

No espero llegar a viejo, y lo que es más importante, en realidad no me importa. Desde luego, no espero vivir hasta los 70. Sería muy aburrido. Me habré muerto e ido mucho antes. No estaré aquí. Empezaré una nueva vida en otro lugar, cultivando mis propias granadas.

No quiero ser un lastre para nadie. Me gustaría pensar que me he ido sin haber sido un lastre para nadie, y eso no es ser condescendiente. Sencillamente es algo que no quiero. Lo digo sinceramente. Me encantaría irme cuando aún esté en lo más alto.

No seré como Eva Perón.[27] No quiero pasar a la historia como una de esas personas que se preocupan... que esperan que

---

27. Eva Perón (1919-1952): actriz y política argentina, fue la segunda mujer del presidente argentino Juan Domingo Perón y la primera dama de Argentina desde 1946 hasta su muerte; promovió los derechos de los trabajadores y de la mujer, además del sufragio femenino. (N. del T.)

tras mi muerte yo quede como alguien que ha creado algo o que ha inventado algo. La vida es para vivirla. Me importa un bledo todo eso. Mientras tanto, me lo he pasado bien y quiero seguir pasándomelo bien haciendo esto.

No quiero parecer morboso. Falta mucho camino para llegar a los 70. Por lo que a mí respecta, he vivido una vida con plenitud y si me muero mañana me importa un bledo. He vivido. Realmente ya lo he hecho todo.

Si me muero y quiero que me entierren con todos mis tesoros, como Tutankamón,[28] lo haré. Si quiero una pirámide en Kensington, y me lo puedo permitir, la tendré. ¿No sería fabuloso?

¿Iré al cielo? No. No quiero ir. El infierno es mucho mejor. ¡Mira toda la gente interesante que te vas a encontrar allí!

¡C'est la vie!

Cuando esté muerto, me gustaría que se me recordara como un músico de cierta valía y sustancia. No sé cómo voy a ser recordado. No he pensado en ello, ya estaré muerto. No, no he pensado en ello. Realmente no pienso: «¡Dios mío! ¿Cuando esté muerto, se acordarán de mí?». Depende de la gente. Cuando esté muerto, ¿a quién le importa? ¡A mí no!

---

28. Tutankamón (1345-1327 a. C.): faraón perteneciente a la dinastía XVIII de Egipto; los faraones eran enterrados con multitud de objetos de gran valor. *(N. del T.)*

Fin

Gracias, que Dios os bendiga y dulces sueños... ¡hatajo de fulanas!

Agradecimientos

Simon y Greg dan las gracias muy sinceramente a: Lucy Bat-cup, Jim Bach, Tildy Beach, Victor Blanke, Jer Bulsara, Anthony Cauchi, Alexi Cory-Smith, Helen Donlon, James Harman, Tom Jackson, Jim Jenkins, John Libson, Louise Lupton, Anne Meyer, Janice Page, Robin Rees, Amin Saleh, Jacky Smith, Jim Stevenson, Phil Saynes, Gary Taylor, Nick Weymouth, David Wigg. Y nuestra gratitud a John Deacon, Brian May, Roger Taylor y Freddie Mercury.

La letra de «Is This The World We Created» aparece por cortesía de Queen Music Ltd. / EMI Music Publishing Ltd.

Bibliografía

Libros

Marten, Neville y Jeffrey Hudson; *Freddie Mercury & Queen*, Faber & Faber.

Bret, David; *Living On The Edge*, Robson Books.

Pryce, Larry; *Queen: An Official Biography*, Star Books.

Hogan, Peter K; *The Complete Guide to the Music of Queen*, Omnibus Press.

Dean, Ken; *The New Visual Documentary*, Omnibus Press.

Dean, Ken; *Queen, entre el amor y la muerte*, Editorial La Máscara, Valencia, 1992.

St. Michael, Mick; *Queen: In Their Own Words*, Omnibus Press.

Brooks, Greg; *Queen Live: A Concert Documentary*, Omnibus Press.

Freestone, Peter y David Evans; *Freddie Mercury*, Omnibus Press.

Clarke, Ross; *Freddie Mercury: A Kind of Magic*, Kingsfleet Publications.

Jones, Lesley-Ann; *Freddie Mercury: The Definitive Biography*, Hodder & Stoughton.

Sky, Rick; *The Show Must Go On*, Citadel Press.

Jenkins, Jim y Jacky Gunn; *As It Began*, Sidgwick & Jackson.

Evans, David y David Mimms; *The Truth Behind the Legend*, Britannia Press.

Davis, Judith; *Queen*, Ediciones Jucar, Gijón,1992.

Revistas y periódicos
Classic Rock, Record Hunter, Q, Daily Mirror, Disc, Daily Mail, The Sun, Mojo, NME (*New Musical Express*), *Melody Maker, Circus, Record and Popswop Mirror* (también conocida como *Record Mirror*) y *Sounds*.

Fotografías
Jer y Bomi Bulsara, Brian May, Neal Preston, Richard Young/Rex Features, Simon Fowler, Denis O'Regan, Peter Röshler, Peter Hince, Terry O'Neill, Harry Goodwin, archivo fotográfico de EMI, The Mark & Colleen Hayward Archive 2006, The Bolton Evening News, Naoaki Matsumoto, Douglas Puddifoot.

Índice: Georgina Heatley

Índice alfabético

Guía universal del rock. De 1990 hasta hoy

Jordi Bianciotto

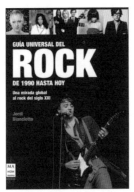

El cambio de siglo ha traído consigo una transformación de la música popular y, en particular, la del rock. Nuevas tendencias, fusiones e innovaciones; un nuevo *star system* y el auge de un universo alternativo que define el camino de la modernidad.

Este libro ofrece una mirada amplia e interpretativa hacia esa galería de iconos con el propósito de ayudar al lector a orientarse en la jungla de tendencias, movimientos y protagonistas que alimentan la convulsa escena musical del nuevo milenio.

Guía universal del rock. De 1970 a 1990

Jordi Bianciotto

De Pink Floyd a Bruce Springsteen; de Led Zeppelin a U2: en los años setenta y ochenta, el rock se convirtió en un lenguaje de masas, el vehículo musical hegemónico del mundo contemporáneo, en torno al cual se construyó un *star system* que mantiene su plena vigencia entrado el siglo XXI.

Este libro, que toma el relevo al volumen *Guía universal del rock. De 1990 hasta hoy*, repasa con ánimo interpretativo la enorme y productiva galería de creadores del rock internacional que cobró forma entre 1970 y 1990, cuya estela sigue marcando el signo de la actualidad. Solistas y grupos determinantes en la evolución de la escena musical, muchos de los cuales viven en el nuevo milenio su período de madurez y realización.

Guía universal del rock (1954 a 1970)

Jordi Bianciotto

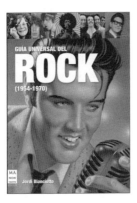

El impacto, en 1954, de «Rock Around the Clock», de Bill Haley & His Comets, desató el mayor fenómeno músico-social de la historia: el nacimiento del rock'n'roll, un género destinado a convertirse en un motor cultural transformador. El movimiento condujo, en los sesenta, a una eclosión de solistas y grupos que revolucionaron el orden escénico.

Este libro cierra la trilogía iniciada con la *Guía universal del rock. De 1990 hasta hoy*, y seguida con la *Guía universal del rock. De 1970 a 1990*. Ofrece un repaso con ánimo interpretativo de la pobladísima galería de creadores que marcaron territorio y generaron tendencias y marcas maestras: rockabilly, doo-wop, British Invasion, surf rock, psicodelia… Las consignas de la era más febril de la música popular.

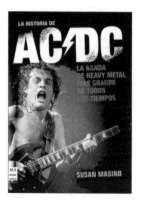

La historia de AC/DC
Susan Masino

Rock, vatios y cerveza: sin duda, ésta es la obra definitiva sobre una de las bandas más importantes de todos los tiempos.

La historia de AC/DC ha sido escrita desde una perspectiva única y privilegiada: la de la periodista Susan Masino, quien ha seguido los pasos de la banda desde su primer concierto estadounidense, en el ya lejano 1977, hasta la actualidad, acompañándolos en un periplo que les ha llevado desde su lejana Australia hasta Los Ángeles o París… pasando por Leganés.

El auténtico Bruce Springsteen
Eric Alterman

Un apasionante recorrido por la vida y la música de un mito del rock. En este libro (ganador del premio Stephen Crane Literary, de periodismo), Alterman nos habla del mito y del artista, de cómo se construyó y de qué es hoy Bruce Springsteen. Esta obra desglosa la biografía del que, sin duda, es el músico de rock más importante de su generación. Un convincente retrato que muestra a un Springsteen maduro, guiado por su talento y por su personal sentido de la responsabilidad hacia su público.

Bruce Springsteen. Más duro que los demás
June Skinner Sawyers

A estas alturas, nadie puede negar que Bruce Springsteen, con más de 250 canciones publicadas, es uno de los músicos más respetados de nuestra época. Sus composiciones se han convertido en la banda sonora de una generación que ha visto en sus letras un reflejo de sus anhelos, sus preocupaciones y, por qué no, también de sus incertidumbres y miedos. El libro, además, contiene numerosa información adicional, fotografías y diversos apéndices, en los que se incluye una lista completa de canciones, la discografía y la bibliografía de referencia.

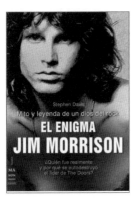

El enigma Jim Morrison
Stephen Davis

La punzante visión poética de Jim Morrison, sus electrizantes actuaciones en directo y su apetito voraz por las experiencias sexuales, espirituales y psicodélicas inflamaron el espíritu y la psique de toda una generación. El periodista Stephen Davis reúne informaciones recogidas en decenas de entrevistas originales, grabaciones casi olvidadas y los propios diarios inéditos de Morrison, para crear el retrato vivo de este incomprendido genio.

El sonido de la bestia
Ian Christe

La biblia definitiva del heavy metal, de lectura obligada tanto para los seguidores más acérrimos como para los nuevos conversos y todo aquel lector en busca de fuertes emociones musicales. Por fin, un libro que hace justicia a esta forma musical oscura, esquiva y ensordecedora que, a su paso, deja a todos agitando la cabeza y haciendo la señal del Diablo.

«Este libro resulta obligatorio para cualquier interesado en uno de los géneros más grandes e influyentes […]».
Slug Magazine.

Los discos del cambio
Sean Egan, (editor)

Los álbumes que marcaron la historia del pop-rock y las 500 canciones que hay que conocer.

Cada periodista musical, cada crítico, cada aficionado tiene su propia lista de discos preferidos. Todos guardamos nuestros discos más estimados en una estantería o en un rincón de la memoria, pero ¿podemos comprender qué alquimia hizo surgir la música de los Beatles y alterar tan radicalmente la música popular en los sesenta? O bien, ¿podemos llegar a saber cuál fue el impacto real y verdadero significado de discos como *Grievous Angel, Never Mind the Bollocks, The Freewheelin' Bob Dylan* o *The Rise and Fall of Ziggy Stardust and the Spiders from Mars*?

El diario de los Beatles
Barry Miles

El legendario Barry Miles, miembro del círculo íntimo de los Beatles en los años sesenta, ofrece en este libro una cronología asombrosamente detallada de las actuaciones, los locales, los discos, las declaraciones y las fechas memorables de la inmortal banda de Liverpool. El autor muestra la historia de los cuatro integrantes del grupo sin retoques ni maquillajes, sin eludir los momentos difíciles, las peleas y los temas de sexo y drogas, pero sin olvidar tampoco sus logros personales. Este diario no se limita a los diez años de existencia oficial del grupo, sino que se extiende durante treinta años (desde el nacimiento de sus miembros) y revela, además, numerosos hechos poco a nada divulgados.

The Beatles. Su historia en anécdotas
William Blair

Alrededor de The Beatles han surgido toda suerte de leyendas sobre su música y sobre la vida de cada uno de los componentes del grupo. Se ha analizado con lupa la trayectoria de Lennon, se ha especulado con la personalidad de McCartney, y se ha dicho de todo de las vidas de Ringo Starr y George Harrison. Pero hasta este momento no se había hecho un ejercicio de recopilación anecdótica de quien fue parte esencial de la banda sonora de tantas generaciones.

El encuentro, el camino, el éxito, la separación, la muerte y el mito se dan de la mano en este libro y nos ofrecen lo mejor (y lo peor) de quienes perdurarán para siempre en nuestra memoria.

Keith & Mick
William Blair

La banda de rock and roll más grande del mundo, como se autonombraron The Rolling Stones, fue fundada en 1962 por Brian Jones junto a Mick Jagger y Keith Richards. Fueron los primeros rebeldes, los primeros perseguidos. Más de cuarenta años de vida contemplan a este grupo antisistema cuya alma siempre ha estado dividida entre estos dos monstruos del escenario: Keith y Mick.

Pero su actitud provocadora bajo los focos (y lejos de ellos) funciona de manera paralela a una creatividad musical fuera de toda duda. Su historia está plagada de canciones míticas y de una vida en la que las drogas, los escándalos, los insultos, los calabozos y las comisarías se han convertido en el leit motiv de la banda.